Gundel
Granow

Blumen stecken und binden

Ein floristischer Grundkurs

2. Auflage

54 Farbfotos

44 Zeichnungen

Ulmer

Inhalt

Prächtiger Pfingstrosenstrauß in Draht gesteckt.
Nicht rostender Maschendraht lässt sich mühelos in Gefäße einpassen und bietet zwischen seinen Verdichtungen Blumenstielen Halt.

Blumenschmuck zu Haus – Vorwort und Einführung

Der französische Bildhauer Auguste Rodin sagte einmal: »Die Intelligenz entwirft, aber das Herz gestaltet«.

Diesen Ausspruch setze ich an den Anfang dieses Büchleins, das sich mit den vielfältigen Möglichkeiten befasst, mit Blumen umzugehen und zu gestalten. Es wendet sich an Blumenliebhaber, die Freude am kreativen Tun haben und neuen Gestaltungsmöglichkeiten gegenüber neugierig und aufgeschlossen sind.

Es bedarf keiner besonderen Eignung oder Veranlagung, um sich dem Blumenarrangieren zu widmen. Es macht Spaß und ist auch irgendwie spannend, mit Pflanzen zu hantieren, sich dieser gewachsenen Besonderheiten zu erfreuen und sich mit ihnen gestalterisch auseinanderzusetzen. Erfahrungen werden beim Selbermachen gesammelt, wobei das Dazulernen ganz von selbst erfolgt.

Ideal ist es, wenn zur Beschaffung von Blumen, Blättern und Zweigen ein Garten zum Schneiden einlädt.

Auf Spaziergängen in der Natur begegnet uns ebenfalls vielerlei, das mit Behutsamkeit gepflückt und daheim in einem passenden Gefäß arrangiert werden kann.

Ein breites und besonderes Angebot an Blumen und Beiwerk, aber auch an Hilfsmitteln bieten natürlich die Blumenfachgeschäfte, in denen es zudem stets Freude bereitet, die von Floristen gestalteten Blumengebinde zu bewundern und auch Anregungen mit nach Hause zu nehmen.

Aber auch die Natur bietet nicht nur die Gestaltungsmittel wie Blumen, Blätter und Zweige, sondern auch vielerlei Hilfsmittel, um Pflanzliches attraktiv anzuordnen.

Schon immer hat es Blumenfreunde gegeben, für die es selbstverständlich war, sich in der häuslichen Umgebung mit Blumen zu umgeben und die Wohnräume zu schmücken. Blumenschmuck hat also Tradition und trägt zum Wohlbefinden bei.

Einem Tisch ohne Blumenschmuck fehlt etwas. Konfekt oder ein abgelegtes Buch sind ohne Ausstrahlung, leblos. Aber es reicht schon eine einzige Blume und gleich fühlt man sich angesprochen und bereichert.

Gesteckter Blumenschmuck

Wer sich zu den Hobbyfloristen zählt, kennt den Gebrauch von Steckmasse, sicher auch die praktische Steckhilfe, den Igel oder Nagelblock, fachkundig als Kenzan bezeichnet.

In Steckmasse zu stecken, ist ohne einige Kenntnisse oftmals gar nicht einfach. Aber es gibt viele andere und viel einfachere, viel reizvollere Techniken, die gleichzeitig gestalterisch mitwirken. Viele der hier im Buch angebotenen Steckhilfen lassen gar keine »falsche« Anordnung zu. Das Schöne an diesen Steckhilfen ist außerdem, dass man sie einfach selbst fertigen kann und dass sie in ihrer interessanten Vielfalt regelrechte Experimentierfreude hervorzurufen vermögen.

So wie das Blumenstecken oder -stellen erlernbar ist, gilt gleiches für das Arrangieren von Blumen zu einem ansprechenden Strauß.

Ein besonderer Blumengruß: Der gebundene Strauß

Zu Einladungen werden den Gastgebern gern Blumen überreicht. Ein schön gebundener Strauß erfreut jeden Beschenkten. Der Griff nach dem richtigen Gefäß, das in Größe, Form, Farbe und Struktur zu den Blumen passt, gelingt nicht immer. Und wenn dann noch die Bindung der zusammengefassten Stiele geöffnet wird, und das sorgfältig Arrangierte haltlos in der Vase auseinanderfällt, so waren alle Bemühungen des Blumenbinders vergebens.

Das Auge für das richtige Gefäß, für Proportionen kann geschult werden. Ein Ausprobieren in Ruhe bringt das ausgewogene Verhältnis, das dann auch gefällt.

Gebundenes bedarf oftmals des Erhaltes seiner Bindung, damit es seine gestaltete Form nicht verliert. Der Bastfaden ist dabei das gebräuchlichste Hilfsmittel, das die Blumen in ihrer Zusammenstellung und Anordnung fixiert.

Gestaltete Sträuße werden gebunden in die Vase gestellt (links). Löst man die Bindung, fallen die Blumen und Blätter auseinander, die notwendigen Abstände und Zwischenräume werden verändert. Die Ordnung und der Rhythmus sind zerstört (rechts).

Gebunden wird aber nicht nur der Strauß, es gibt weitaus mehr Gestaltungsmöglichkeiten, die hier vorgestellt werden.

Gewundene Arrangements

Windungen sind frei geformt, das Auge kann in ihnen spazierengehen und die gewollte Transparenz schafft optische Leichtigkeit. In der Natur begegnet uns Gewundenes bei vielen Kletter- und Rankpflanzen. Ihre verschlungenen und wirren Bewegungen animieren, sie in Gestaltung umzusetzen, Kränze zu winden, Gerüste aus Zweigen zu umwinden, oder zierliche Sträuße mit gewundenem Gerank zu umgeben.

Die nötige Hilfestellung

Zum richtigen Umgang mit Blumen bedarf es einiger Kenntnisse über Hilfsmittel und Werkzeuge sowie des Wissens um die richtigen Vorgehensweisen.

Hinweise zur Gestaltung und Verwendung und zur beabsichtigten Wirkung des gearbeiteten Arrangements sind in den nachfolgenden Ausführungen zu finden, um diese oder eine ähnliche Blumenkomposition zu fertigen, ohne allgemeine Theorien durcharbeiten zu müssen.

Je mehr man sich inspirieren lässt und je mehr angebotene Gestaltungsbeispiele so oder in Abwandlungen nachgebildet werden, um so umfangreicher wird das Wissen und Können.

Die erklärenden Zeichnungen hat Ingeborg Wundermann, meine ehemalige Ahlemer Lehrerin angefertigt. Sie versteht es, mit ihrem Zeichenstift zu verdeutlichen, was die Worte beschreiben – ihr gelten mein sehr herzlicher Dank und meine Verbundenheit.

Ich hoffe, mit diesem Buch von meiner eigenen Freude etwas abgeben zu können und mit den vielfältigen Beispielen und Erläuterungen zum Selbstgestalten anzuregen.

Gundel Granow
Frühjahr 2003

Stecken

Osterstimmung. Gesäuberte Tontopfscherben, die mit in die Gestaltung eingehen, halten die partiell eingepasste Steckmasse in dem hohen weiten Gefäß in sicherer Position.

Blumen im Gefäß

Oberstes Gebot bei der Gestaltung von Blumen sollte sein, die Pflanze in ihrem natürlichen Wuchs, in ihrer Bewegung zu respektieren und alles zu vermeiden, was die natürliche Erscheinung behindert.

Das Wesen einer Pflanze muss erhalten bleiben. Nur so gelangt sie zu der ihrem Charakter entsprechenden Wirkung. Das lässt sich verdeutlichen, indem man sich eine langstielige Blume, zum Beispiel eine Amaryllis vorstellt, deren Schaft stark gekürzt wird. Die Pflanze wird ihrer natürlichen Gebärde beraubt, sie wirkt verstümmelt. In Glasgefäßen lassen sich solche wirkungsvollen Blumen besonders schön präsentieren, da sich ihr Stiel bis zum Anschnitt verfolgen lässt.

Kurzstieliges hingegen kann als Büschel zusammengefasst werden. Die Einzelstiele sind von geringer Wirkung.

Vielfach können abgeschnittene Blumen sogar im Gefäß gewinnen. Man denke an Tulpen, die eher steif auf ihren geraden festen Stielen wachsen. Abgeschnitten und eingestellt, präsentieren sie sich in anmutig beschwingter Form.

Die Blumen in einem Arrangement müssen als Einheit empfunden werden, selbst dann, wenn sie sich in einzelne Gruppen gliedern.

Eine Blumenfüllung kann dabei weit ausladend sein und über das Gefäß

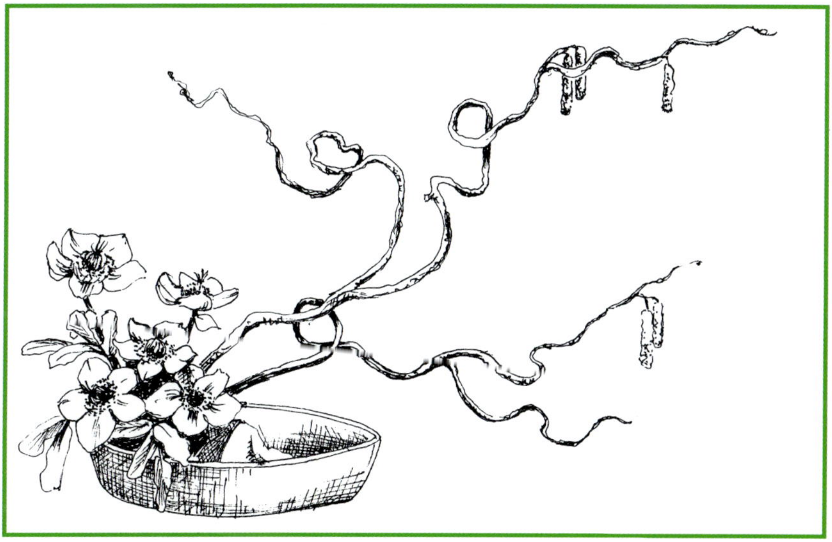

Die grafisch bewegten Zweige der Korkenzieherhasel werden durch die Gruppe der Christrosen formal kontrastiert und optisch ausgewogen. Arrangiert wurde mit Hilfe eines Nagelblockes.

Materialvielfalt bestimmt die Fülle der technischen Hilfmittel; bedarfs- und gestaltungsgerecht sollen sie sein.

hinausragen. Jedoch ist zu beachten, dass sie optisch und real nur so weit hinaus gearbeitet werden darf, wie es der sichere Stand des Gefäßes zulässt.

Einer aktiven Bewegung, einer geschwungenen Form, kann ein passiver Pol in gedrungener Form begegnen und das Gegengewicht bilden. Ein gedrehter Zweig der Korkenzieherhasel, beispielsweise, überspielt mit seiner Bewegung großzügig den Gefäßrand. Gleichzeitig ist neben zwei aneinandergelegten Steinen eine Ansammlung von Christrosen arrangiert, die wie im natürlichen dichten Nebeneinander erscheint. Ein Spiel der Kräfte erzeugt reizvolle Spannung und ist die Seele einer jeden Gestaltung.

Technische Hilfsmittel: Bewährtes und Neues

Handwerkliches Tun und kreatives Gestalten stehen in enger Beziehung zueinander. Ohne das Beherrschen einiger wichtiger Techniken ist eine gute Gestaltung nicht ohne Hindernisse zu realisieren. Dabei ist zu überlegen, welche technischen Hilfsmittel zu welchen Gelegenheiten und mit welchen Wirkungen eingesetzt werden können. Äußerst einfach und bequem ist die Verwendung von künstlichem Steckschaum. Aber es gibt auch Alternativen, sei es der aus dem Ikebana bekannte Steckigel oder die Vielzahl alternativer organischer Hilfsmittel. Die breite Palette der technischen Hilfen soll hier an vielen Beispielen gezeigt und kann beim eigenen Tun erprobt und verglichen werden.

Synthetischer Steckschaum für Frischblumen

Der Blumensteckschaum wurde bereits 1954 in den USA entwickelt. Es gibt zwei Arten, für Frischblumen und für Trockenblumen.

Inzwischen sind die angebotenen Produkte absolut kompostierbar und in Blumenfachgeschäften, Hobby-Abteilungen in Kaufhäusern und Baumärkten, meist in Ziegelsteinformat, erhältlich.

Je nach Bedarf kann Steckschaum in beliebiger Größe und Form mit einem Messer zurechtgeschnitten werden. So gut wie alles läßt sich darin stecken.

Patenter Wasserspeicher

Fast alle Schnittblumen haben in Steckschaum eine ähnliche Haltbarkeit wie in der Vase. Ausnahmen bilden einige Orchideen, manche weichstielige Blumen wie Alpenveilchen oder Christrosen. Eigene Erfahrungen und Beobachtungen sind gute Lehrmeister.

Mühelos läßt sich der Steckschaum in vielerlei Gefäße einpassen und festklemmen. Doch zuvor sollte er richtig gewässert werden. Dabei ist zu beachten, dass er auf das Wasser gelegt und nicht eingetaucht und heruntergedrückt wird. Nur so wird ein gleichmäßiges Durchfeuchten garantiert, wie Tests belegen. Wird der Steckschaum zu schnell ins Wasser getaucht, füllen sich die äußeren Poren mit Wasser, die Luft von innen kann nicht entweichen und der innere Bereich bleibt trocken.

Man legt den Steckschaum in ein Becken, einen Eimer oder eine Wanne mit Wasser. Die aufgelegte Steckmasse schwimmt zunächst und saugt sich dann in wenigen Minuten voll.

Für jedes undurchsichtige Gefäß ist dieses Hilfsmittel schnell und einfach zu verwenden. Die grüne Farbe und sichtbare Stielenden, die zu weit in die Steckmasse geführt wurden und wieder austreten, sind bei Glas eher unschön.

Aber es ist möglich, die Steckmasse zu kaschieren. Sie kann ringsum mit Folie, Steinen, Sand oder ähnlich preiswerten und simplen Abdeckmitteln versehen werden, was die Gestaltung insgesamt sogar bereichern kann. Die »Verkleidung« wird in das Gefäß gefüllt, wenn die Steckmasse plaziert ist. Dabei ist genügend Raum für die einzufüllenden Materialien vorzusehen, um die Steckmasse letztlich unsichtbar zu machen.

Das synthetische Material verhindert Fäulnisbildung oder Schimmel, die beim Gebrauch von natürlichem Moos auftreten können.

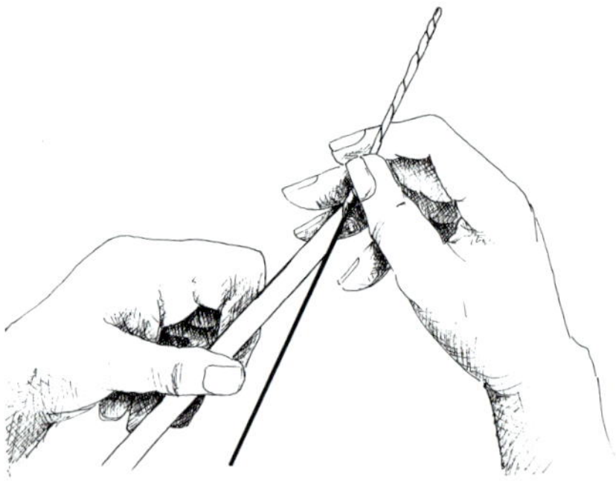

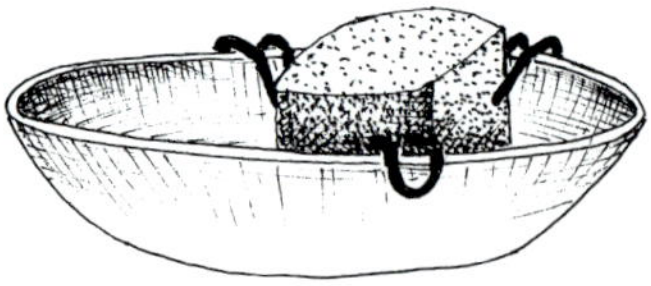

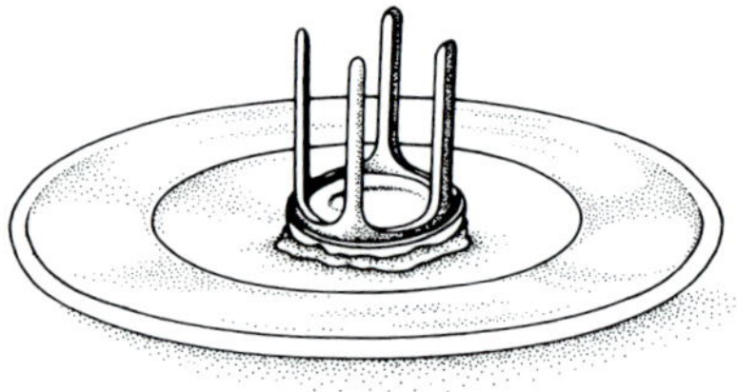

Ist der Steckschaum vom erstmaligen Gebrauch nicht zu sehr zerlöchert, kann er abgewaschen und noch einmal verwendet werden, eventuell umgedreht. Außerdem ist er verwendbar, um im Gefäß Seitenpartien auszufüllen, die beim Einpassen eines neuen Stücks Lücken aufweisen.

Nur austrocknen sollte die einmal gebrauchte Masse nicht, da die Wiederaufnahme von Wasser nicht möglich ist und der innere Kern ein zweitesmal nicht ordentlich durchfeuchtet wird.

Oben links: Steckschaum soll nicht den ganzen Raum des Gefäßes ausfüllen. Das passende Stück wird zum Beispiel mit Steckmasseresten, Steinen oder Aststücken festgeklemmt. Dazwischen ist ausreichend Platz für Wasser, das auch mühelos nachgefüllt werden kann.

Oben rechts: Zur Verstärkung der Stabilität des eingepassten und festgeklemmten Steckschaums wird eine »Haube« aus Maschendraht in passender Größe zurechtgeschnitten. Diese wird eng angelegt und mit Drahthaften festgesteckt. Sollte ein Zweig zu stark sein und nicht durch die Maschen passen, wird das Drahtgitter einfach an dieser Stelle mit einer Zange aufgeschnitten.

Mitte: Wer besonders sorgfältig vorgehen will, kann den Steckdraht mit Kautschukband umwickeln. So bekommt das Gefäß bei Drahtberührung keine Rostflecken.

Unten links: Will oder kann man die Steckmasse nicht im Gefäß festklemmen, helfen Drahthaken, um sie festzusetzen. Diese praktischen Hilfen biegt man aus stabilem Steckdraht.

Unten rechts: Bei Verwendung eines Pinholders muss die Unterlage vollkommen staub- und fettfrei sein, damit die Klebemasse sich sicher und fest mit beiden Teilen verbindet. Die Steckmasse wird auf die vier Zähne aufgedrückt.

Fester Halt in Gefäßen

Steckschaum kann in ein Gefäß fest eingepasst werden mit Hilfe von Steinen, Murmeln, frischen Stengelabschnitten, sauberem Sand (Vogelsand) oder auch Papier, Aluminium- oder Kunststofffolie, also mit allem, was keine Fäulnis verursacht.

Auch nicht rostender Draht ist eine zweckmäßige Fixierhilfe. Verzinkter oder kunststoffummantelter Maschendraht wird dazu mit einem Seitenschneider oder einer Zange in passende Stücke zerteilt, mit denen man erwünschte Lücken ausfüllt.

Ebenso hilfreich erweist sich Maschendraht, wenn große Arrangements mit schweren, starken Pflanzenteilen gefertigt werden. Bei Zweigen kann es vorkommen, dass die Steckmasse nicht genügend Halt bietet und unter der Belastung auseinanderzubrechen droht. Ein passend geschnittenes Drahtgitter kann das verhindern. Es wird über die Steckmasse gelegt und seitlich mit Drahthaften fixiert. Auch kräftige Steckdrähte sind dafür geeignet. Sie werden mit Kautschukband umwickelt, damit sie nicht rosten.

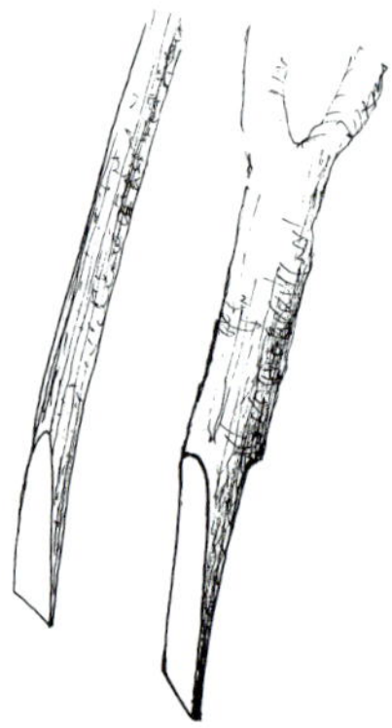

Ein umwickelter Steckdraht von gut 30 cm Länge wird u-förmig wie zu einer Haarnadel gebogen, die beiden Drahtenden werden auf etwa ein Drittel ihrer Länge in die Steckmasse geführt und die Rundung wird über den Gefäßrand gebogen. Mit einer solchen Hilfe wird die Steckmasse optimal fixiert und gibt allem Hineingesteckten stabilen Halt. Steckdrähte sind in unterschiedlichen Stärken (Durchmesser 0,10–1,8 mm) und Längen (20–40 cm) in Bastel- oder Hobbyabteilungen sowie in Blumenfachgeschäften erhältlich; ebenso das erwähnte Kautschukband auf der Rolle, das in den Farben Weiß, Grün oder Braun angeboten wird.

Oben: Die mit Steinen eingeklemmte Steckmasse soll nur so groß sein, daß sie die hineingesteckten Pflanzenteile gut festhält. Sie wird mit Moos, Kieselsteinen oder Sand abgedeckt und mit Blättern überspielt.

Unten: Wenn die Steckmasse 3–5 cm den Gefäßrand überragt, sind seitlich gerichtete und abließende Teile gut festzustecken. Viel höher sollte die Steckmasse nicht bemessen sein, weil sie sonst abtrocknet und dort eingesteckten Stielen kein Wasser liefert.

Rechts Mitte: Der schräge Anschnitt erfolgt mit einem scharfen Messer oder einer nicht quetschenden Schere; eine gute Rosen- oder Ikebana-Schere ist dafür besonders geeignet.

Fester Halt auf flachen Schalen

Auch Gefäße ohne zweckmäßige Wandung, wie Platten, Teller oder Schalen, sind für den Einsatz von Steckmasse geeignet. Hier erweist sich ein sogenannter Pinholder, auf dem die Steckmasse festen Halt findet, als technischer Helfer. Er besteht aus einer Kunststoffscheibe in Größe einer Münze mit vier hochstehenden »Zähnen«, in denen die Steckmasse verankert wird.

Befestigt wird der Pinholder mit einem Stück stark haftenden Kautschukklebeband von der Rolle, das in Größe des Pinholders zugeschnitten und unter diesem angedrückt wird. Beides ist im Blumenfachgeschäft und in gut sortierten Hobbymärkten als »Fix-Klebemasse« erhältlich.

Besonders starke Haftung wird erreicht, wenn der Klebestreifen kurz über einer kleinen Flamme erwärmt und der Pinholder fest auf den trockenen, gut gesäuberten Untergrund gedrückt wird. So ist eine Befestigung auf Dauer möglich.

Auch Kerzen lassen sich mit diesem Kautschukband auf glatten Flächen fixieren. Angebracht ist dies vor allem bei dünneren Kerzen, die sonst nie sicher aufgestellt werden können.

Klebereste auf dem Gefäßboden werden vorsichtig mit einem Messerrücken und letzte Spuren eventuell mit Reinigungsbenzin entfernt.

Der richtige Zuschnitt

Die Größe der Steckmasse richtet sich nach den hineinzusteckenden Pflanzenteilen und nach dem für die Gestaltung vorgesehenen Gefäß. Soll die fertige Gestaltung das Gefäß ganz ausfüllen, ist eine weite Steckbasis bereitzustellen und entsprechend viel Steckschaum erforderlich.

Bei einer partiellen Füllung dienen mitunter Steine, Sand, Murmeln oder auch hölzerne Knorren oder Wurzeln als Gestaltungsmittel für den Gefäßraum oder die Gefäßfläche.

Die Steckhilfe hat auf jeden Fall ausreichend Halt zu gewähren, sollte aber so bemessen sein, dass sie nicht zu massiv erscheint.

Das passende Stück wird aus dem Ziegel abgeschnitten oder auch in voller Größe im Gefäß eingepasst und sollte in der Höhe so weit über den Gefäßrand hinausragen, dass auch das seitliche Einstecken möglich ist.

Zu diesem Zweck werden alle Kanten mit einem seitlich geführten Schnitt abgeflacht, wodurch zugleich die Oberfläche vergrößert wird. Die anfallenden Reste können entweder im Gefäß zur Befestigung verschwinden oder gelangen zum Kompost.

Neben der Steckmasse muss genügend Raum bleiben, damit verbrauchtes Wasser nachgefüllt werden kann.

Der richtige Anschnitt

Alle zu verarbeitenden Pflanzenteile erhalten einen sauberen Anschnitt mit einem scharfen Messer. Der Stiel mit den darin enthaltenen wasserleitenden Bahnen soll so beschaffen sein, dass das Wasser ungehindert in alle Pflanzenteile gelangen kann.

Eine gut funktionierende Rosenschere wird nur für den Anschnitt von stark verholzten Stielen benutzt, da weiche Stiele damit leicht gequetscht werden und die Wasserführung dadurch erschwert oder verhindert wird.

Ein schräger Anschnitt ist vorteilhafter als ein gerader, weil er die Schnittfläche vergrößert. Außerdem ist das Einstecken in die Steckmasse müheloser, wobei gleichzeitig mit der abgeflachten Seite ein Verdrehen verhindert wird. Stärkere Zweige erhalten beidseitig einen schrägen Anschnitt mit dem Messer oder der Rosenschere.

Osterstimmung

Siehe Foto Seite 8

Gefäß: Rustikaler Topf mit weiter Öffnung.

Steckhilfsmittel: Synthetischer Steckschaum.

Pflanzliches: Tulpen, noch nicht getriebene Birkenzweige, Efeuranken, Buchsbaumspitzen, Sumpfmoos.

Floristisches Zubehör: Tontopfscherben, Eier aus Pappmaché am Draht, Stroh.

Technische Hilfsmittel, Werkzeug: Wickeldraht, grün lackierter, nicht rostender Steckdraht, Seitenschneider, Rosenschere, Messer.

Vorbereitung

- Steckmasse als Ziegelform wässern (Seite 11).
- Birkenzweige zu einem Bündel fassen und mit Wickeldraht im oberen Bereich zusammenbinden.

- Tulpen anschneiden und gut wässern. Vor der Verarbeitung mindestens eine Stunde ins Wasser stellen.
- Steckdraht in 10 cm lange Abschnitte teilen und zu u-förmigen Haften biegen.

Ausführung

Die Steckmasse wird als Ziegel in das Gefäß gestellt und für eine asymmetrische Gestaltung etwas zur Mitte versetzt plaziert, was gleichzeitig eine großzügige Ausgestaltung des Schaleninneren zulässt. Die Steckmasse wird mit dem Messer auf Schalenhöhe beschnitten und die kantigen Seiten der Steckbasis werden schräg abgeflacht (Seite 12).

Als Steckbasis bezeichnet man die Fläche, in die man die Gestaltungsmittel steckt. Um die vorbereitete Steckmasse zu fixieren, nehmen wir Tontopfscherben, die wir so einfügen, dass nichts mehr hin- und herwackeln kann. Sie sollen als Teil der Gestaltung gut sichtbar bleiben, denn sie schaffen zugleich freie Räume bis zum Gefäßgrund.

Das Auge kann diese Tiefenwirkung schön erfassen und den verwendeten Pflanzenteilen wird die Steckmasse lediglich dort angeboten, wo sie auch benötigt wird. Unsinnig wäre es, ein so voluminöses Gefäß gänzlich damit auszufüllen, wenn nur in einem bestimmten Bereich eine Steckhilfe benötigt wird.

Nun kann mit der eigentlichen Gestaltung begonnen werden. Die Tulpen sollen in dichtem Miteinander angeordnet werden, um als farbkräftiger, blühender Mittelpunkt die Gestaltung zu beleben. 6 bis 8 Tulpen finden in der Steckmasse ausreichend Platz und guten Halt. Mit dem Messer schräg angeschnitten, lassen sie sich gut einfügen. Auch Efeu und Buchsbaumspitzen erhalten ihren Anschnitt mit dem Messer.

Die locker zusammengefassten Birkenzweige werden mit der Schere gleichmäßig abgeschnitten und in den unteren Bereich der Steckmasse eingeführt. Das kann auf einmal erfolgen, indem wir die Enden der Zweige dicht zusammengefasst in die Basis schieben. Sie sollten einige Zentimeter tief eingesteckt werden, sonst bekommen sie keinen Halt. Durch die Drahtbindung erscheinen die Zweige wie ein sich ausbreitendes Dach.

Um die Steckmasse abzudecken, kann man Moos verwenden und mit den u-förmig gebogenen Drahtstücken daran festhaften. Das Moos kaschiert das Synthetische mit seiner Natürlichkeit. Die angedrahteten Eier können wir plazieren, wo sie uns in der Gestaltung gefallen.

Ein wenig Stroh, das an Nest und Eier denken lässt, wird locker, ohne weitere Befestigung, dazwischengefügt. Efeuranken umschlingen die Birkenzweige lose.

Die Schale wird zu zwei Drittel mit Wasser aufgefüllt, so dass der Steckschaum ausreichend versorgt ist, das Stroh aber nicht ins Wasser reicht, wo es anfangen könnte zu faulen.

Frühlingskranz. Gesteckter Blumenkranz in Steckmasse. Vorgebohrte Löcher erleichtern das Einführen zarter und fleischiger Stiele in die Steckmasse.

Wirkung

Das gewählte Gefäß gibt eine rustikale Füllung bereits vor. Die flächigen Tonscherben unterstreichen den derben Charakter dieser Ausführung. Braunes, hölzernes Gezweig beschirmt die frischen Tulpen und das angedeutet Nesthafte. Die Efeuranken vermitteln mit ihrem Blattgrün Lebendigkeit, die den spröden Birkenzweigen entgegensteht.

Verhalten auf das noch frühe Frühjahr weisend, vermittelt die Arbeit Freude auf das sich ankündigende Wiedererwachen der Natur.

Frühlingskranz

Kranzkörper: In Blumenfachgeschäften erhältlicher, sogenannter Biolit-Kranz aus synthetischer Steckmasse in einer Unterlage aus Recycling-Karton, geeignet für alle Frischblumen.
Steckhilfsmittel: Synthetische Steckmasse.
Pflanzliches: Groß- und kleinblumige bunte Stiefmütterchen, kurze Zweigspitzen von der Blutpflaume und vom rotrindigen Hartriegel.
Technische Hilfsmittel, Werkzeug: Angespitztes Holzstäbchen zum Vorbohren der Steckmasse, Messer.

Vorbereitung

- Sorgfältiges Wässern des Kranzkörpers: mit einer Gießkanne wird langsam Wasser auf die Steckmasse gegossen. Sie ist ausreichend durchnässt, wenn das Wasser im Ring stehen bleibt.
- Angeschnittene Stiefmütterchen mindestens eine Stunde vor ihrer Verarbeitung wässern, ebenso das Blattwerk.

Ausführung

Auch hier muss der Steckschaum so präpariert werden, dass eine möglichst große Oberfläche entsteht. Dazu werden die Innen- und Außenkanten des Ringes mit dem Messer abgeflacht, am besten in nassem Zustand.

Die zu verwendenden frischen Blumen und Blätter müssen wie immer schräg mit dem Messer angeschnitten werden. Handelt es sich um dünne oder zarte Stiele, können diese nicht direkt in die Steckmasse geführt werden. Ein angespitztes Holzstäbchen oder ein Zweigstück ist zum Vorbohren geeignet.

Die Löcher sollten nicht zu groß sein, damit sie auch feinen Stielen richtigen Halt gewähren. Starke Stiele können direkt gesteckt werden.

In die vorgefertigten Löcher können wir nun mühelos die dünnstieligen Stiefmütterchen einfügen. Auch Maiglöckchen, Primeln, Vergissmeinnicht oder Veilchen, diese jedoch als kleine Sträußchen zusammengefasst, bedürfen einer solchen Vorbohrung. Die kurzen Zweigspitzen sind holzig und können direkt eingesteckt werden.

Wirkung

Die bunten Stiefmütterchen besitzen mit ihren kleinen Gesichtern besonderen Charme. Fröhlichkeit versprühen sie und muntern regelrecht auf. Das tiefdunkelrote Blattwerk der Blutpflaume steht im farblichen Kontrast zu den weißgerandeten Hartriegelblättern. Die Blattformen passen in ihrer Größe genau zu den Blüten, fügen sich ein, ohne sich zu überlagern oder zu verdrängen.

Je nach Jahreszeit kann ein solcher Kranz aus den verschiedensten Blüten gearbeitet werden, die auch in der Natur dicht zusammenstehen und sich zur Gemeinschaft im Kranz vereinigen lassen.

Selbstgefertigte Kranzunterlage

Kranzunterlagen für frische Blumen kann man mit etwas Geschick auch selbst anfertigen. Hierbei lassen sich der Durchmesser und die Kranzkörperstärke ganz individuell bestimmen.

Benötigt werden dazu zwei Weidenreifen. Sie sind im Blumenfachgeschäft zu kaufen oder wir fertigen sie aus abgeschnittenen Ruten einer Kätzchenweide. Die Länge bestimmt den Durchmesser.

Zwei unterschiedliche Durchmesser für einen Innen- und einen Außenreifen werden benötigt. Mit Wickeldraht wird jede zum Kreis gebogene Rute an ihren Enden zusammengebunden.

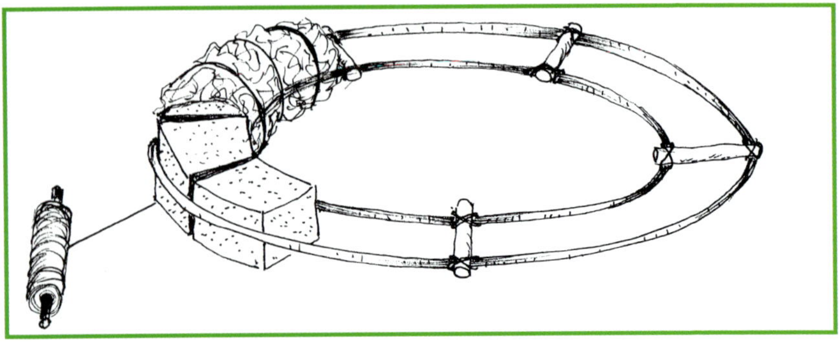

Zwei unterschiedlich große Weidenreifen, Zweigstückchen als Abstandhalter, Steckmassestücke und ein Maschendrahtstreifen ergeben mit Wickeldraht festgewickelt eine wasserhaltende Unterlage für einen gesteckten Blumenkranz.

Der Abstand zwischen beiden sollte je nach beabsichtigter Kranzgröße einige Zentimeter betragen, da dort später Steckmassestücke eingepaßt werden.

Abstandhaltende Hölzchen werden zwischen beide Reifen eingespannt und ebenfalls mit Wickeldraht befestigt. Eine solche Konstruktion weist genügend Stabilität auf, um eingepasste Stücke Steckmasse zu halten.

Flach aufgelegtes Moos, mit Wickeldraht auf der Steckmasse befestigt, gibt zusätzlich Festigkeit. Dazu wird der Draht an einer Stelle festgemacht und vom Kranzinnern nach außen geführt. In kreisenden Bewegungen wird der Draht spiralig um Moos und Steckmasse gewickelt und jeweils fest angezogen. Die Moosverkleidung erzeugt außerdem ein natürliches Aussehen. Entstehen dann beim Stecken einige Lücken, so fällt der Blick auf den moosigen Untergrund, der nicht einmal besonders störend wirkt.

Um jedoch ganz sicher zu gehen und jegliches Herausbröseln der Steckunterlage zu verhindern, kann eine Ummantelung aus Maschendraht nützlich sein. Sie erhöht zusätzlich die Belastbarkeit und sorgt für Stabilität.

Ein solcher Kranz weist im Gegensatz zu dem Industrieprodukt keinerlei gefäßartige Unterlage auf. Deshalb sollte er in eine flache Schale mit Wasser gelegt werden, es sei denn, der Blumenkranz wird ins Freie gelegt, wo er durch gelegentliches Gießen erneut befeuchtet wird.

Synthetischer Steckschaum für Trockenblumen und für die Adventsbinderei

Für die Binderei mit Gestaltungsmitteln und Schmuckmaterialien, die keine Feuchtigkeit benötigen, wird ein brauner, poröser Steckschaum in gleicher Größe angeboten wie der grüne für Frischblumen. Er ist wesentlich großporiger und auch ziemlich hart, vergleicht man beide miteinander. Er ist absolut wasserabweisend und lässt sich ebenfalls einfach mit einem Messer zerteilen und in Form schneiden. Dafür ist ein derberes Küchenmesser oder Brotmesser ideal, denn beim Durchschneiden des Blockes ist die kurze Klinge des Klappmessers oder scharfen Schälmessers nicht so geeignet. Beim Zerschneiden fällt Staub an, der gleich vom Tisch gefegt werden sollte, damit er die Gestaltungsmittel nicht verunreinigt.

Befestigungsmethoden

Zum Anbringen auf flachen Schalen oder Tellern wird wie bei feuchter Steckmasse der Pinholder benutzt (Seite 12). Zur noch besseren Befestigung können ein paar Tropfen Heißklebstoff aus der Heißklebepistole auf den Pinholder aufgebracht werden, ebenso auf die Zähne. Die Steckmasse läßt sich darauf fest andrücken, so dass wirklich Stabilität gewährt ist.

In der Adventsbinderei wird ein Gesteck auch gern auf einer Holzscheibe, einem Brettchen, einer Wurzel oder einem Knorren gearbeitet. Auch für diese Unterlagen kann dieser Steckschaum verwendet werden.

Hier übernehmen nicht allzu starke Nägel die Aufgabe des Pinholders. Vorsichtig werden sie in die Unterlage geklopft und auch hier können wenige Tropfen Heißkleber eine zusätzliche, bessere Fixierung schaffen. Auf Brettern kann mitunter sogar auf die haltenden Nägel verzichtet werden, wenn keine schweren Gestaltungsmittel angebracht werden sollen. Ein Gesteck mit großen Tannenzweigen und schmückenden Gehölzteilen auf einer großen Unterlage sollte aber stets Nägel zur zusätzlichen Befestigung erhalten. Bei kleinen Gestaltungen genügt es, die Steckmasse mittels Heißkleber auf die Unterlage aufzukleben.

Beim Gebrauch von Heißkleber schmilzt der Steckschaum materialbedingt ein wenig und es werden Dämpfe freigesetzt. Deshalb sollte man nicht direkt mit der Nase über der Arbeit verweilen. Ein schnelles Aufsetzen auf die Unterlage ist ohnehin ratsam, da der Klebstoff schnell erkaltet.

In Gefäßen wird die Trockensteckmasse ebenso festgeklemmt wie der Steckschaum für frische Blumen. Auch sie sollte nicht sichtbar sein und sorgfältig umkleidet werden.

Zur Oberflächenvergrößerung der Steckbasis werden ebenfalls die Seitenkanten abgeflacht. Die anfallenden Reste können aufbewahrt werden, um später einmal als Füllmittel Verwendung zu finden.

Getrocknetes im Glasgefäß

Glasgefäßen ist es vorbehalten, ihren Inhalt sichtbar zu präsentieren. Wird mit Steckmasse gearbeitet, ist es schön, die Gestaltungselemente so anzubringen, dass sie bereits im Gefäßinneren wirken und durch die Glaswandung zu erkennen sind. Sie können die Steckmasse so umgeben,

Spezielle Steckhilfsmittel für die Adventsbinderei. Ton und synthetische Steckmassen ermöglichen vielfältige Gestaltungsweisen. Drähte stützen, verlängern und fixieren die unterschiedlichsten Gestaltungsmittel.

dass sie gar nicht zu bemerken ist, aber alles, was sich aus der Glasöffnung erhebt und herausgearbeitet ist, trotzdem seinen Halt in der bereitgestellten Steckbasis findet.

Die Steckmasse muss fest eingeklemmt sein zwischen den sie kaschierenden Teilen und außerdem ganz nach Erfordernis über das Gefäß hinausstehen.

Gestecktes für die Adventszeit

Frische Koniferenzweige, die in der Adventszeit als duftendes Grün unsere Räume schmücken, behalten ihr Aussehen lange Zeit, auch ohne im Wasser zu stehen. Unter Koniferen sind alle »Zapfenträger« zu verstehen, das ist die Übersetzung aus dem Lateinischen für diesen gebräuchlichen gärtnerischen Fachbegriff.

Längst beschränken wir uns nicht mehr auf die Verarbeitung von Tanne und Kiefer, sondern viele Wacholder- und Zypressenarten, sowie Eibe und Zeder bereichern das Angebot im Fachhandel und auf Marktständen.

Hagebutten unterschiedlichster Art, Fruchtzweige von der Stechpalme (*Ilex*) und Ligusterbeeren, um nur einige der bekanntesten Vertreter aus dem Garten und vom Wegrand zu nennen, benötigen keine Wasserversorgung und behalten lange Zeit ihr gutes Aussehen und ihre Frische.

Zweige und Früchte können für die Dauer der Adventszeit deshalb bedenkenlos in trockener Steckmasse verarbeitet werden.

Diese wird fest in ein Gefäß eingepasst oder erhält auf einem Brettchen oder Teller ihren sicheren Halt. Mit Moos oder Blättern kann sie mit Hilfe von Haften abgedeckt und umkleidet werden. Alle einzusteckenden Zweige und Stiele werden mit dem Messer schräg angeschnitten und so tief hineingeführt, dass sie eine feste Position erhalten.

Alles, was keinen Stiel aufweist, wie Kastanien, Eicheln, Nüsse, Zapfen oder andere Schmuckelemente, erhält einen künstlichen Stiel aus Draht oder kann mit Hilfe der Klebepistole fixiert werden. Wie das im einzelnen geschieht, wird in einem speziellen Kapitel über Andrahttechniken (Seite 31) beschrieben.

Steckhilfsmittel Ton

Die Erfindung des künstlichen Steckschaums verdrängte viele alte handwerkliche Techniken in der Blumenbinderei. Lehm und Ton waren von jeher die Hilfsmittel, die es ermöglichten, dauerhaften Raumschmuck zu fertigen. Gerade für das Arrangieren getrockneter Pflanzenteile und speziell in der Adventsbinderei wurde früher fast ausschließlich Lehm oder Ton verwendet. Auch Moos, zu dichten Kugeln geformt und mit Draht zusammengebunden, war häufiges Steckhilfsmittel.

Heute wird auf den Einsatz von Moos vielfach aus Gründen des Naturschutzes verzichtet, doch der gute alte Ton ist nach wie vor beliebt.

In unterschiedlichen Verpackungseinheiten, in Rollen oder Würfeln, in Folie eingeschweißt, ist er im Fachhandel, in Baumärkten und Bastelabteilungen erhältlich. Er sollte stets kühl und vor Austrocknung geschützt gelagert werden. Wer bei der Verarbeitung lehmige Hände scheut, sollte die Masse mit Gummihandschuhen formen.

Mit einem Küchenmesser schneidet man die benötigte Menge ab. Der Ton ist geschmeidig und kann schnell zu einer Kugel zusammengedrückt werden.

Ton schmiegt sich zwar an unebenen Untergrund, wie Wurzeln oder Knorren an, doch bedarf er einer Fixierung, wie es auch synthetische Steckmittel benötigen. Mehrere auf der Unterlage eingeklopfte Nägel geben dem darauf aufgedrückten Kloß, der als Steckbasis dienen soll, Halt.

Außerdem ist eine zusätzliche Umschnürung von Unterlage und Steckbasis mit Bast oder Wickeldraht vonnöten, da der Ton beim Trocknen schrumpft. Quergelegte Hölzchen oder Moosfasern verhindern das Einschneiden der Umschnürung.

Das Schrumpfen ist aber auch ein Vorteil. Hineingestecktes erhält in kürzester Zeit absolut festen Sitz, so dass ein Herausziehen, aber auch eine Abänderung schon nach wenigen Tagen nicht mehr möglich ist. Steckschaum hingegen läßt ein ständiges Austauschen der Gestaltungselemente zu.

Tips für die Verarbeitung

Ton muß mit Sorgfalt und Vorsicht verarbeitet werden. Er eignet sich vor allem für den Einsatz auf flachen Gestaltungsträgern. Brettchen, mit Nägeln versehen oder flache Schalen oder Teller sind willkommen. Auch Blech- oder Kunststoffdeckel von Marmeladengläsern oder ähnlichem, auch Untersetzer für Blumentöpfe sind gute Helfer, wenn es darum geht, Ton zu plazieren. Wird auf diese Unterlage ein Pinholder mit Heißkleber fixiert, kann die Tonmasse einfach darauf festgedrückt werden.

Beim Schrumpfen löst sich der Ton zwar möglicherweise vom Deckel, aber die vier Zähne des Pinholders bleiben im Ton so fest, dass absolute Standfestigkeit gewahrt wird.

Ohne diesen Zusatz lässt sich der Ton auch einfach auf einem Deckel festdrücken, nur sollte er dann zusätzlich kreuzweise mit Draht oder Bast festgebunden werden.

Durch ihr Eigengewicht lassen sich dererlei vorgefertigte Steckhilfen ohne weitere Fixierung in Gefäße stellen. Gegebenenfalls können bei besonderer Größe, denken wir an großflächige Schalen mit niedriger Wandung, auch Gestaltungsmittel wie Steine oder größere Holzteile schmuckvoll dazu beitragen, dass ein Verrutschen und Wackeln ausgeschlossen wird. Für den Transport ist besondere Sorgfalt bei der Ausarbeitung geboten.

Kleiner Adventsschmuck mit Kerze

Gefäß: Blumentopfuntersetzer aus Kunststoff.
Steckhilfsmittel: Ton.
Pflanzliches: Triebspitzen von Mu-

Gestecktes für die Adventszeit. Alle Gestaltungsmittel müssen so plaziert sein, dass die Kerze ungehindert und gefahrlos abbrennen kann.

Haften als technische Helfer beim Anbringen der Gestaltungsmittel. Ungestieltes Grün wird mit einer Drahthafte auf der Steckbasis befestigt und deckt diese gleichzeitig ab.

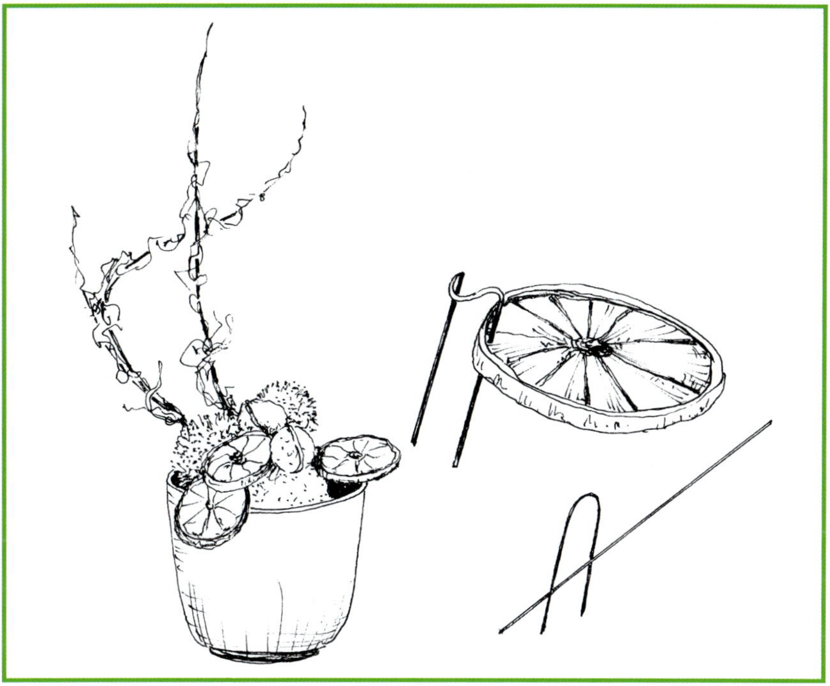

Getrocknete Orangenscheiben werden mit Haften oder aus Steckdrahtstücken gebogenen Drahthaken auf der Steckbasis befestigt.

schelzypresse, Kiefer, Zeder, Buchsbaum, Efeu, Hagebutten, Hülsen der Lampionblume, getrocknete Hortensienblüten, Zapfen, Zimtstangen, Erdnüsse, getrocknete Orangenscheiben, Moos

Floristisches Zubehör: Dunkelrote Stumpenkerze, 15 cm hoch, 6 cm dick, Messing-Schmuckdraht.

Technische Hilfsmittel, Zubehör: Pinholder, Fix-Klebeband, Kautschukband, Wickeldraht, Steckdraht, Haften, brennende Kerze, Seitenschneider, Kneifzange, Messer.

Vorbereitung

- Pinholder mit Fix-Klebeband versehen, über einer Kerzenflamme erwärmen und auf dem Untersetzer fest andrücken.
- Ton in Größe einer halben Faust abschneiden und zur Kugel formen.
- Tonkugel auf vorbereiteten Untersetzer drücken.
- Gestaltungsmittel drahten, Grünspitzen zuschneiden.

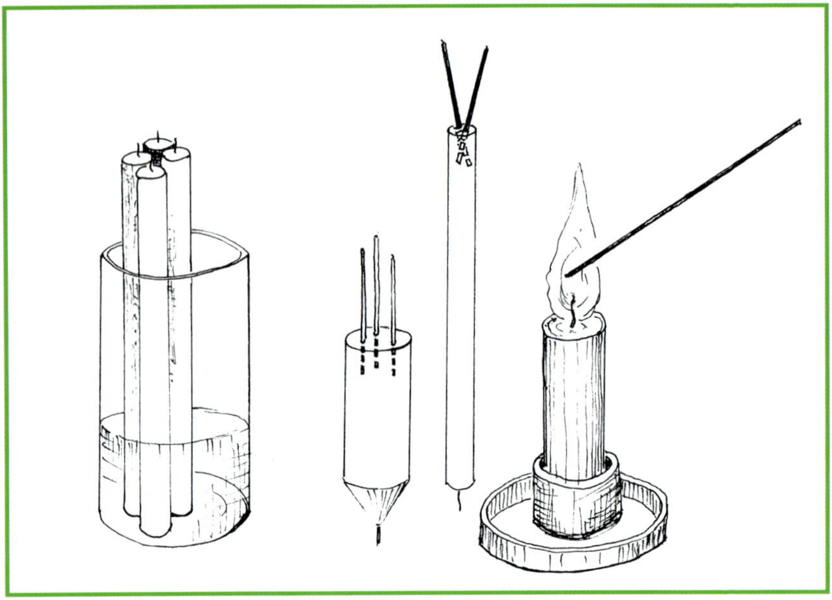

Das Einschmelzen von »Drahtbeinen« in Kerzen wird erleichtert, wenn die Kerzenenden zuvor mit handwarmem Wasser erwärmt werden (links). Bei schlanken Kerzen werden nur zwei Drähte etwas schräg in die Kerzenunterseite gedrückt. Die Drahtenden werden über einer Kerzenflamme erhitzt.

Ausführung

Die seitlichen Partien der Tonbasis werden zur Abdeckung mit Moos umlegt, das man mit kleinen Haften feststeckt. Die Mitte bleibt für die Kerze frei. Die gedrahtete Kerze wird leicht schräg in die Steckbasis geführt, gerade aufgerichtet und erhält so eine stabile Position.

Ist die Kerze plaziert, werden die mit einem schrägen Messeranschnitt versehenen Grünspitzen in die Tonbasis geführt. Manche Stiele sind sehr weich und erhalten deshalb Halt durch eine kleine Drahthafte. In geordneten Partien, sortenweise, wird das Grün verteilt. Größere Gruppen wirken stärker und lassen auch die ordnenden Hände erkennen.

In nicht zu dichter Anordnung werden die Koniferenspitzen im Ton angebracht. Die Zwischenräume werden von Hagebutten, getrockneten Hortensienblüten oder den leuchtenden Blütenhülsen der Lampionblume ausgefüllt. Auch hier sind Drahthaften ideale Helfer. Auch getrocknete Orangenscheiben lassen sich so bequem fixieren. Die Hafte wird am Rand durch

Kerzen andrahten. Das Steckdrahtende wird an einer Kerzenflamme erwärmt, damit es leichter in das Wachs geschoben werden kann.

die Fruchtscheibe geschoben, so dass die harte Schale am Ton festgesteckt werden kann.

Wirkung

Mit seiner natürlichen Ausstrahlung wirkt das kleine Gesteck bescheiden und unaufdringlich. Die heimischen Früchte und alle übrigen naturbelassenen Gestaltungsmittel lassen eine liebevolle Auswahl erkennen.

Lediglich die Wicklungen aus Messingdraht setzen wenige glänzende Akzente, die die Besonderheit der Zimtstangen unterstreichen. Die Efeuranke umspielt und durchzieht die Gestaltung wie natürlich gewachsen.

Kerzen andrahten

Eine Kerze muß angedrahtet werden, wenn sie auf Ton, synthetischer Steckmasse oder einem dichten Moospolster befestigt werden soll. Drei Steckdrähte von der Stärke 1,2 bis 1,6 mm und 5 cm Länge bieten den nötigen Halt. Für die Kerze von 15 cm Länge und 6 cm Durchmesser ist ein 1,4 mm starker Stützdraht gerade recht.

Eine brennende Kerze gehört in der Adventszeit auf den Arbeitstisch, da vielfach Drähte oder Kautschukmaterial erwärmt werden muss.

Mit einem Seitenschneider oder einer Kneifzange – niemals mit der Rosenschere – wird der Draht in drei Stücke von 5 cm zerteilt. Mit der Kneifzange wird ein Drahtabschnitt

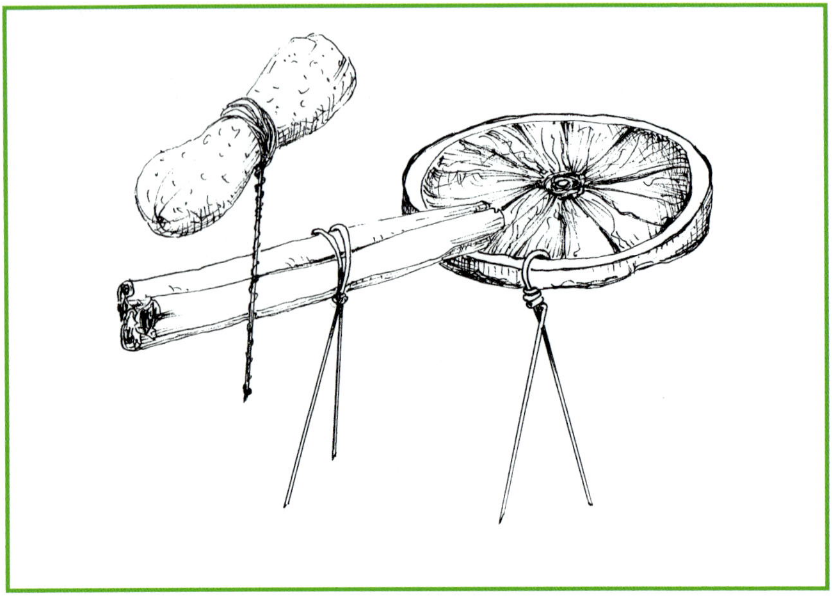

Die Erdnuss wird zunächst mit Schmuckdraht umwickelt. Daran wird dann ein Steckdraht befestigt. Das Zimtstangenbündel fassen wir mit deinem Steckdraht zusammen. Die Drahtbögen werden anschließend mit einer Bandabwicklung oder mehreren Windungen aus Schmuckdraht kaschiert. Dies ist bei der angedrahteten Orangenscheibe nicht nötig.

gefasst und 3 bis 5 Sekunden in die Kerzenflamme zur Erwärmung gehalten. Danach wird das erwärmte Ende mit der Zange vorsichtig 1–2 cm in den Kerzenboden geführt, und zwar nicht zentral, denn dort endet der Docht und auch nicht zu weit außen, da die Kerze leicht ausbrechen kann.

Durch das Anwärmen lässt sich der Draht einfacher einführen, er gleitet geradezu ins Wachs. Drei Drähte verleihen dicken Kerzen eine bessere Standfestigkeit als zwei.

Der Handel bietet beidseitig angespitzte Metallstifte zum Drahten von Kerzen an, die in gleicher Weise verwendet werden können. Sie sind allerdings sehr starr und lassen sich nur senkrecht in die Unterlage einbringen, weil ein seitliches Biegen nicht möglich ist. Weil sie aus Stahl sind, lassen sie sich nur schwer kürzen. Da sie nur in einer Länge und Stärke angeboten werden, überwiegen die Vorzüge des selbst geschnittenen Steckdrahtes.

Saubere Kerzenverarbeitung

Beim Andrahten von Kerzen empfiehlt es sich, zunächst die Schutzfolie, soweit vorhanden, an der Kerze zu belassen. Sonst legt man ein weiches Tuch oder Küchenpapier um die Kerze, um unansehnliche Fingerabdrücke zu vermeiden. Da die Kerze als erstes auf einer Steckbasis befestigt wird, sollte sie auch sorgfältig vor Verschmutzung durch den Ton und die Gestaltungsmittel geschützt werden.

Ungestieltes erhält einen Draht

Kleine **Erdnüsse** werden einfach auf einen Steckdraht von 1,2 mm Stärke gesteckt und mit einem genügend langen Drahtende in der Basis verankert. Der Draht wird zugleich zum Schmuck, wenn man einen goldfarbenen Messingdraht mehrmals um die »Taille« der Nuss wickelt und damit das Andrahten sichtbar macht.

Nach 5 bis 7 Umwicklungen wird der Draht verdrillt und abgeschnitten. Unter dieser Manschette lässt sich ein dünner Stützdraht von 0,9 mm hindurchschieben, zusammenbiegen und für die Befestigung in der Steckbasis verwenden.

Mit Zimtstangen wird in gleicher Weise verfahren. Es ist hübscher, nicht nur eine einzelne Stange, sondern wegen der optischen Wirkung zwei mit Messingdraht zusammenzuwickeln. Auch hier wird anschließend an der Seite, die zur Steckbasis zeigen soll, ein Steckdraht hindurchgeführt und in die Steckbasis geschoben.

Auch Zapfen müssen angedrahtet werden. Die kleinen Zapfen der Schwarzkiefer sind geöffnet, ihre Schuppen klaffen auseinander. Kleine Exemplare können an Wickeldraht befestigt werden, größere erhalten einen Steckdraht, der zwischen die unteren Schuppen geführt wird.

Mit einer Flachzange lassen sich die beiden Drahtenden mühelos zusammendrücken. Einige Male umeinander verdreht, entsteht eine Halterung, die dem Zapfen den Stiel verleiht.

Liegen die Schuppen jedoch sehr eng und kompakt an, wie bei Zedernzapfen, bleibt nur, einen Vorbohrer zu Hilfe zu nehmen. Am Zapfenboden wird ein Loch gebohrt, durch das ein starker Steckdraht geführt und in sich verdreht wird.

Andrahttechniken für Nüsse und Baumpilze

Bei Walnüssen kann ein 1,2 mm starker Steckdraht direkt zwischen die zwei Schalenhälften geführt werden, der im Fruchtfleisch Halt findet. Steckdraht hat oftmals ein angespitztes Ende. Es lässt sich fast mühelos in die Nuss schieben.

Um an einer Haselnuss oder Mandel einen Draht zu befestigen, bedarf es der Klebetechnik mit der Heißklebepistole. Mit einer Flachzange wird ein Steckdrahtende zur Öse gebogen und flach an den Nussboden gedrückt, auf dem ein dicker Tropfen Heißkleber aufgetragen ist. Nach einigen Sekunden ist auch dieses Problem gelöst.

Frische Baumpilze, die noch weich sind, lassen sich mühelos andrahten. Ein starker Steckdraht wird mit dem angespitzten Ende einfach durch den Fruchtkörper geschoben und mit seinen zwei Enden verdrillt.

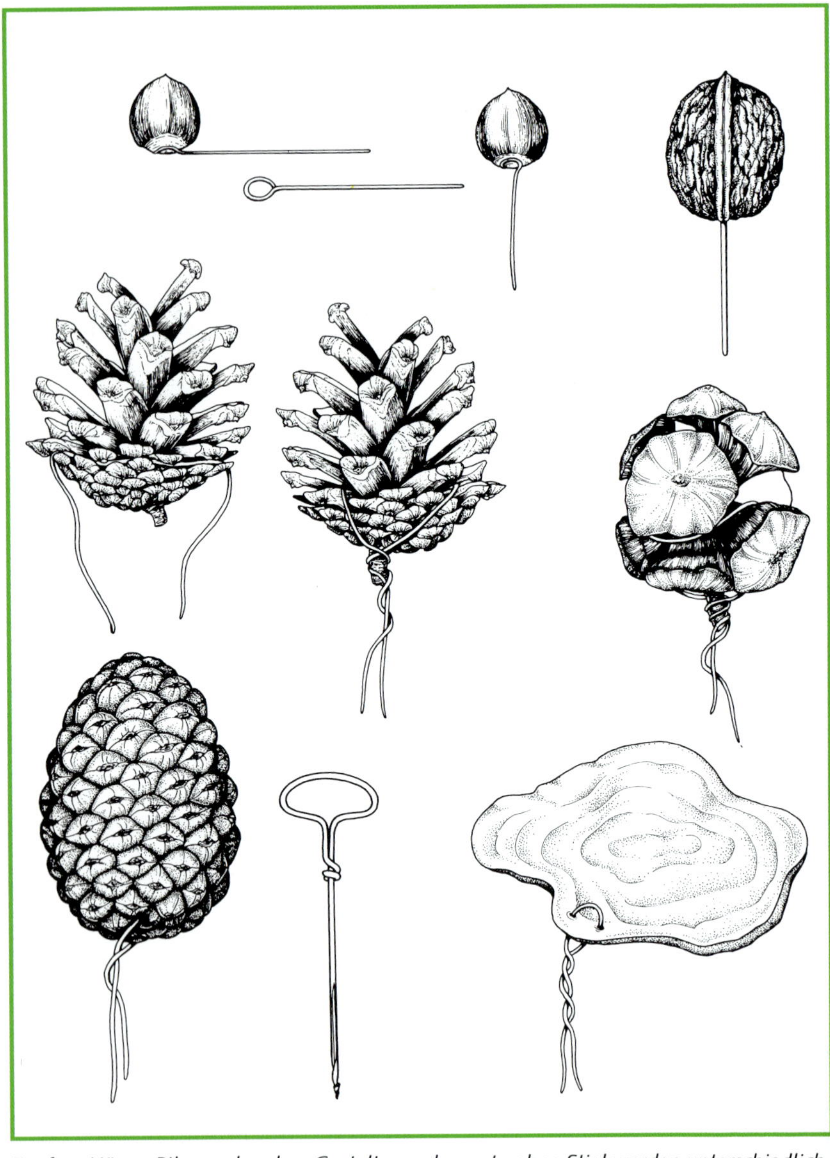

Zapfen, Nüsse, Pilze und andere Gestaltungselemente ohne Stiel werden unterschiedlich angedrahtet. Sie lassen sich dann vielfältig und bequem verarbeiten.

Ist der Pilz jedoch trocken und hart, bereitet das Durchstechen mit Draht Schwierigkeiten. Daher empfiehlt es sich, einen Vorbohrer zu benutzen, damit sich der Draht beim Durchstecken nicht verbiegt.

Je nach Drahtlänge können alle Gestaltungselemente auch in winterliche Sträuße eingearbeitet werden.

Stecktechniken ohne Steckschaum

Auch bevor es synthetische Steckmassen gab, wurden Blumen gesteckt. Die Befestigungstechniken waren vielfältig und ideenreich. Aus alten Lehrbüchern wissen die Fachleute heute, mit welchen Schwierigkeiten die Blumenbinder früher umzugehen hatten und auf welche einfache Weise sie diesen oft begegneten.

In Rückbesinnung auf alte handwerkliche Gepflogenheiten wird heute oft wieder mit diesen Techniken gearbeitet. Gerade das Ausprobieren bereitet Spaß und regt dazu an, Pflanzenteilen auf unterschiedlichste Weise durch Stecken Halt zu geben.

Feuchter Sand

Reiner Vogelsand aus der Zoohandlung, der sich durch feine Körnung und Sauberkeit auszeichnet, ist solch ein altes simples Steckhilfsmittel. Direkt aus der Tüte wird er in das Gefäß gefüllt. Auch einfacher sauberer Sandkastensand ist geeignet und oft ganz schnell zu beschaffen. Der Sand wird vorsichtig durchfeuchtet und das Gefäß nur so weit mit Wasser gefüllt, dass alles Hineingesteckte ausreichend mit Feuchtigkeit versorgt ist, dass aber kein stehendes Wasser sichtbar ist. Zum Nachfüllen nehmen wir nicht die Gießkanne, aus der das Wasser mit einem Strahl herausläuft, sondern sprühen es flächig mit einer Blumenspritze (Zerstäuber).

Wickenranken in der Kugelvase

Kugelvasen bieten Platz, nicht nur für üppige, dekorative Sträuße, sondern auch für Vereinzeltes, Ausgewähltes. Eine solche Vase aus klarem Glas, größer als ein Fußball, kann wunderbar als transparenter Raum für Gestaltungen genutzt werden.

Voraussetzung ist, dass die Öffnung groß genug ist, um Gestaltungsmittel einzubringen und sie dann auch pflegen zu können.

Eine Gestaltung in dem vorgegebenen voluminösen Rund sollte etwas Außergewöhnliches sein. Der Betrachter steht davor wie vor einem Aquarium mit vielen betrachtenswerten Besonderheiten.

Gefäß: Glaskugelvase, durch deren Öffnung bequem eine Hand passt.

Steckhilfsmittel: Vogelsand oder sauberer Sandkastenkies.

Pflanzliches: Wickenblüten in unterschiedlichem Violett, Wickenranken, Sumpfschachtelhalm.

Wickenranken in der Kugelvase. Feiner Vogelsand wird mit Hilfe einer Blumenspritze durchnässt und gewährt hineingesteckten Pflanzenteilen festen Halt und Feuchtigkeit.

Technische Hilfsmittel: Messer, Stützdraht von 0,9 mm Stärke.

Vorbereitung

- Alle Pflanzenteile vor der Verarbeitung mindestens eine Stunde angeschnitten ins Wasser stellen.
- Vogelsand vorsichtig in die Vase füllen, damit er nicht staubt und das Glas nicht getrübt wird.
- Mit einer Blumenspritze den Sand durchfeuchten, zunächst kann auch vorsichtig mit einer Gießkanne Wasser eingefüllt werden, nur so viel, bis etwa zwei Drittel im unte-

Der hohle Schachtelhalm und andere hohlstielige Blumen werden durch einen eingeführten Draht gestützt.

ren Bereich nass sind und eine glatte Sandoberfläche garantiert ist.

- Um die hohlen Stiele des Schachtelhalms biegen zu können, wird vom unteren Ende her ein Stützdraht eingeführt.

Ausführung
Die von innen gestützten Schachtelhalme können zu einem eigenwilligen Linienspiel gebogen werden. Wachsen sie in ihrer Natürlichkeit gerade senkrecht am Sumpfrand, so erhalten sie durch ihre Verformung ein neues und ungewohntes Erscheinungsbild.

Die Verfremdung einer gewachsenen Bewegung soll dem Spiel von Formen und Linien andere Ausdrucksmöglichkeiten verleihen. Bizarr gebogen, stecken wir sie behutsam in den festen feuchten Sand. Möglichst tief sollten sie dort enden, damit sie gutes Stehvermögen haben. Ausgewählte Wickenblüten wirken durch ihr Farbenspiel in Violett-Tönen. Die Ranken werden in ihrem natürlichen Wuchs zwischen die Schachtelhalme gewunden.

Wirkung

Die schlängelnden Bewegungen der Wicken konstrastieren die kantige Schachtelhalmkonstruktion. Anmutig wie Schmetterlinge erscheinen die zarten, flattrigen Wickenblüten. Sie begegnen ganz filigran den kantigen, starren Schachtelhalmknickungen. Das Auge kann durch das Stengellabyrinth irren und auf den zauberhaften Blüten ausruhen.

Bürsten als Steckhilfe

Bürsten sind in zweifacher Hinsicht nützliche Hilfsmittel. Sie dienen als Vaseneinsatz und als Steckhilfe.

Einsätze

Es wäre unsinnig, Vasen mit großem Volumen voll Wasser zu füllen oder, um ein Gesteck zu arrangieren, gar mit mehreren Kilo Steckmasse. Weder als Halt noch für ihre Versorgung mit Wasser benötigen die Blumen die ganze Füllung. Außerdem muss man bei einer voll gefüllten Vase auch deren Gewicht bedenken.

Einsätze reduzieren das Volumen und damit natürlich auch das Gewicht eines großen Gefäßes, denn es wird weniger Wasser benötigt. Um trotzdem die Standfestigkeit zu gewährleisten, ist in manchen Fällen ein zusätzliches Gewicht vonnöten, besonders wenn eine ausladende Gefäßfüllung präsentiert wird.

Bevor der Einsatz in der Vase verschwindet, können wir ein paar schwere Steine auf den Vasenboden legen, um die Standfestigkeit zu erhöhen.

Einsätze eignen sich jedoch nur für undurchsichtige Gefäße. Sie können aus einfachstem Material sein: Kunststoffröhren, Dosen, Einweckgläser oder gestielte Grabvasen, denen auch die speziellen Bodenvaseneinsätze nachempfunden sind. Wichtig ist, dass sie für die darin präsentierte Blumenmenge ausreichend Wasser aufnehmen können.

Richtige Vaseneinsätze liegen mit ihrem breiten Rand auf der Vasenöffnung auf und können nicht verrutschen. Bei der Verwendung von anderen Gefäßen, die nicht eingehängt werden können, sondern eingestellt werden, ist darauf zu achten, dass sie oben in gleicher Höhe mit dem Vasenrand abschließen. Wichtig ist außerdem ein fester Stand im Vaseninneren. Zusammengedrücktes Zeitungspapier und arretierende Steine sind dabei behilflich.

Hilfsmittel Bürste

Flaschenbürsten bestehen aus Kunststoffborsten und nichtrostendem Metall. Sie sind biegsam, so dass sie sich überall bequem einpassen lassen. Beim Zusammenfügen greifen die vielen Einzelborsten ineinander und lassen so eine dichte Steckbasis entstehen. Die Stielenden der Blumen finden darin sehr guten Halt. Sie lassen sich auch leicht umstecken, anders als bei der kompakten Steckmasse, die dabei regelrecht zerlöchert wird und unter Umständen sogar auseinanderbricht.

Bürsten sind leicht zu reinigen. In heißer Seifenlauge ausgeschwenkt und mit frischem Wasser nachgespült, sind sie keine Bakterienherde, beliebig oft verwendbar und damit zugleich ein besonders wertvolles ökologisches Hilfsmittel, wobei sich wirtschaftliche und umweltschonende Aspekte ergänzen.

Roter Spätsommer

Gefäß: Dekorative Bodenvase mit großem Volumen, Vaseneinsatz aus Kunststoff.
Steckhilfsmittel: Flaschenbürsten
Pflanzliches: Langstielige rote Rosen, rote Pompon-Dahlien, dunkelroter hängender Fuchsschwanz, rotschwarze Beeren, tragende Zweige vom Schneeball, Gezweig von der Schneebeere, verschieden geformte Blätter, Schilfgräser.
Technische Hilfsmittel: Rosenschere und Messer.

Vorbereitung

- Alle Pflanzenteile anschneiden und vor der Verarbeitung mindestens eine Stunde ins Wasser stellen.
- Den für das Gefäß passenden Einsatz mit Flaschenbürsten füllen.
- Faustgroße Steine zum Beschweren auswählen und vorsichtig in die Vase legen.
- Einsatz mit Bürsten ausfüllen und so einsenken, dass er einen guten Halt auf den darunterliegenden Steinen hat.
- Wasser in den Einsatz füllen.

Ausführung

Wir beginnen mit der Ausgestaltung der Mittelpartie. Die lang angeschnittenen Rosen werden in der Länge gestuft in die Bürsten gesteckt, ebenso die gleichfarbigen Pompon-Dahlien. Dieses rote hoch hinausragende Miteinander wird ergänzt durch die abfließenden Bewegungen vom Fuchsschwanz, der ebenfalls im Zentrum der Gestaltung eingepasst wird, jedoch – durch seinen Wuchs bedingt – seitlich ausschwingt. Seitliche Bewegungen haben auch die weiter nach außen eingesteckten grünen Zweige. Mit ihrem natürlichen Schwung schaffen sie nicht nur eine harmonische Verbindung zur Vase, sondern auch zur Stellfläche des Arrangements.

Es ist wichtig, bei der Auswahl des begleitenden Grüns darauf zu achten, dass es wie gewachsen zur Geltung gelangt. Ohne Verformungen vornehmen zu müssen, sollten wir versuchen, die natürlichen Eigenheiten zu

Roter Spätsommer.
Immer wieder verwendbare Bürsten sind bewährte Steckhilfsmittel. Große Vaseninhalte lassen sich mit Einsätzen verkleinern.

erkennen und bei der Verarbeitung zu berücksichtigen.

Die Basisausgestaltung übernehmen die kurz geschnittenen Zweige des Schneeballs mit seinen schmückenden rot-schwarz gefärbten Früchten. Die holzigen Triebe lassen sich gut mit dem Messer anschneiden, doch auch eine Rosenschere kann durchaus für den schrägen Anschnitt benutzt werden.

Blätter, die farblich zu den Rottönen passen oder sich durch ihre dekorative Form auszeichnen, wie Bergenienblätter, werden als flächige Formen im unteren Gestaltungsbereich eingefügt.

Die hier verwendeten Blumen, Blätter und Zweige sind ein Beispiel, wie Pflanzliches aus dem Garten mit Zugekauftem kombiniert werden kann. Bis auf die langstieligen Rosen kann alles aus dem Garten geerntet werden. Gerade im Sommer sind Rosen recht preiswert, und so können ein paar zugekaufte Besonderheiten das eigene Sortiment bereichern.

Die langen Schilfhalme wachsen an feuchten Wegrändern oder Uferzonen. Ihre filigrane Leichtigkeit verleiht dem üppigen Gesteck einen Akzent in der Höhe. Mit ihrer Rot-Braunfärbung bilden sie das i-Tüpfelchen zu dem farblich sorgfältig abgestimmten Miteinander von Vase und Blumenfüllung.

Wirkung

Obwohl die Vase rustikalen Charakter besitzt, hat das gesamte Arrangement eine gewisse Eleganz, die der Ausstrahlung der Rosen zuzuschreiben ist. Sie treten in der Hauptachse, also in der Mitte der Gestaltung, recht dominant hervor. Dekorative Üppigkeit begegnet uns in den dunklen, warmen Rottönen dieser Gestaltung, die mit ihren Farben gedämpftes Sommerglühen empfinden läßt.

Hinweis

Gerade langstielige Rosen haben oft viele und große Blätter. Sie sollten teilweise entfernt werden, damit das aufgenommene Wasser nicht über die vielen Blattflächen verdunstet und die Blüten zu schnell welken. Mit einem scharfen Messer werden die Blätter vorsichtig entfernt, so dass keine störenden Stielansätze sichtbar bleiben.

Steckhilfsmittel Draht

Dünner Maschendraht ist ein ausgezeichnetes Steckhilfsmittel, das sich, in beliebigen Größen zurechtgeschnitten, für viele Gefäße verwenden läßt. Eine Grundvoraussetzung, die bei der Verarbeitung jeglicher Art von Draht im Umgang mit Wasser erfüllt sein muss, lautet: Draht darf nicht rosten. Deshalb sollte er aus Kupfer, Zink oder kunststoffummantelt sein. Er wird zusammengedrückt und zu Verdichtungen verformt, in denen die Blumenstiele Halt finden.

Wenn ein technisches Hilfsmittel nicht mit in die Gestaltung eingeht, darf es auch nicht sichtbar sein. Es erfüllt jeweils nur seinen Zweck und hat dienende Funktion.

Maschendrahtknäuel werden als Stellhilfe in die Gefäßöffnung eingehängt. Aufliegende Querhölzer verhindern ein Hineindrücken oder -rutschen des Drahtes.

Die richtige Maschendichte

Je nach Stärke der Stiele ist der Draht so zusammenzudrücken, dass ein Gefüge entsteht, in dem das Hineingesteckte optimalen Halt findet. In zu engen Drahtmaschen werden die Stiele verletzt oder umgeknickt, wenn man beim Stecken ständig auf Widerstand stößt.

Das Drahtgeflecht sollte einen möglichst großen Bereich des Gefäßes ausfüllen, so dass auch längere und ausladende Partien genügend Halt finden. Damit der Draht jedoch beim Bestecken nicht tief in das Gefäß gedrückt wird, wird er durch zwei Stäbe, die durch die oberen Maschen gesteckt werden und auf dem Gefäßrand aufliegen, gehalten. Stabiler Halt ist eine Grundvoraussetzung beim Stecken und für den Transport unverzichtbar.

Prächtiger Pfingststrauß in Draht gesteckt

Gefäß: Undurchsichtige Glasvase.
Steckhilfsmittel: Gitterdraht aus Kupfer.
Pflanzliches: Pfingstrosen, Flieder, Tränendes Herz, blühender Knöterich mit seinen dekorativen Blättern, Weißdornzweige, weiß-grüne Gräser.
Technische Hilfsmittel: Drahtschere, Seitenschneider oder Kneifzange, Messer (siehe Foto Seite 2).

Vorbereitung

- Alle Pflanzenteile vor der Verarbeitung mindestens eine Stunde angeschnitten in Wasser stellen.
- Gitterdraht von der Rolle schneiden und vorsichtig zu einer lockeren Kugel formen (Achtung, Verletzungsgefahr durch spitze Drahtenden).
- Draht so in die Vase einpassen, dass ein möglichst großer Bereich ausgefüllt ist und eine Drahtwölbung in der Öffnung entsteht.
- Zwei Holzstäbe (dünner Bambus oder Splitstäbe, wie sie oft als Stützen in Begonien- oder Hortensientöpfen zu finden sind) so zurechtschneiden, dass sie über die Gefäßöffnung gelegt, seitlich jeweils 2 cm überstehen (Abbildung 17).
- Stäbe kreuzweise durch die Gittermaschen stecken, so dass sie auf dem Gefäßrand aufliegen.
- Wasser in das Gefäß füllen.

Ausführung

Die Fliederstiele erhalten zur besseren Wasseraufnahme einen langen schrägen Anschnitt mit dem Messer, der das weiße Mark freigibt.

Wegen seiner farblichen Dominanz in kräftigem Violett sollte der Flieder von der Mitte zu einer Seitenpartie gesteckt werden. Dabei ist darauf zu achten, dass die Stiele möglichst bis zum Gefäßgrund reichen. Flieder muß tief im Wasser stehen, damit er nicht welkt.

Fast gleichfarbig fortsetzend, wird die Gesteckmitte mit senkrecht gestellten Tulpen betont. Ihrem Wuchs im Garten gemäß, werden sie ebenfalls als Gruppe verarbeitet.

Ausschwingende Stiele vom weißen Tränenden Herz kennzeichnen einen oberen Außenbereich, den auf der anderen Seite bereits der Flieder einnimmt.

Als optischen Ausgleich der Linien und Farben stecken wir nach unten schwingende Weißdornzweige in den schräg gegenüberliegenden Außenbereich. Sie schaffen eine harmonische Verbindung zwischen Höhe und Tischfläche.

Unterschiedlich weit geöffnete, prächtige hellrosa Pfingstrosen werden in der Blickmitte angeordnet. Wegen ihrer Kopflastigkeit sollten ihre Stiele möglichst tief im Drahtgitter festen Stand finden.

Ihre Farbe wird wiederholt in den wie Kerzen erscheinenden Knöterichblüten. Pfeilspitzen ähnlich, gehören sie mit ihrer Leichtigkeit und Zielstrebigkeit zu den Pflanzen, die stets ganz oben angeordnet werden. Diese, in dichten Horsten wachsende Staude hat äußerst dekorative Blätter, die wunderbares grünes, flächiges Beiwerk ergeben, wenn sie fest und ausgereift sind.

Wenn möglich, sollten stets die den Blüten eigenen Blätter verarbeitet werden, sofern sie einen Stiel aufweisen, der tief genug ins Wasser reicht.

Weißgerändertes Gras ist eine hübsche Ergänzung in diesem üppigen Strauß mit seiner Blütenvielfalt und lässt sich mühelos hier und da einfügen, was dann auch eine gewisse Spritzigkeit ergibt.

Wirkung

Elegant, fast prunkvoll präsentiert sich der aus dem Garten zusammengetragene Pfingstgruß. Jede Blumenschönheit kann sich darin frei entfalten und wirken. Der betörende Fliederduft wird bekräftigt durch das beeindruckende Farbspiel von kräftigem Dunkelviolett über lichtes Rosa bis zu Weiß.

Hinweis

Flieder sollte immer mit einem scharfen Messer angeschnitten werden. Dabei legt man die innere weiße Bahn, das Mark, frei. Das erleichtert und fördert die Wasseraufnahme.

Handwarmes Wasser mit einem Blumenfrischhaltemittel als Zusatz sollte zur ersten Wasseraufnahme nach dem Schnitt bereitgestellt werden. Ein langer schräger Anschnitt ist sinnvoller als das Aufklopfen der

Drahtgeflecht unter Schneerosen und Winternadeln.
Eingetrocknete, spröde Kiefernnadeln und glänzendes Metall vermitteln winterliche Kälte im Zusammenwirken mit den kostbarsten Blüten dieser Jahreszeit.

Stiele mit einem Hammer. Dabei werden die Zellen zertrümmert und der entstandene »Zellschutt« blockiert die wasserführenden Leitungsbahnen.

Drahtgeflecht unter Schneerosen und Winternadeln

Als Winternadeln könnte man jene Kiefernnadeln bezeichnen, die durch Herbststürme von den Baumkronen heruntergeblasen werden. Sie sind während der Sommermonate abgestorben und verbleiben oft noch recht lange an den Zweigen. Einem dichten Teppich gleich bedecken sie später das Erdreich unter den Bäumen.

Wie filigrane Pinzetten muten diese zweinadeligen Sorten an (es gibt

auch dreinadelige). Durch das Verdorren haben sie ihr Blattgrün eingebüßt und erscheinen nunmehr recht knöchern und leblos.

Gefäß: Metallteller mit hochgezogenem Rand, Durchmesser 50 cm.
Steckhilfsmittel: Gitterdraht aus Zink.
Pflanzliches: Abgestorbene Schneerosen, eingetrocknete Kiefernnadeln.
Technische Hilfsmittel: Drahtschere, Seitenschneider oder Kneifzange, Messer.

Vorbereitung

- Christrosen vor der Verarbeitung anschneiden und mindestens eine Stunde in lauwarmes Wasser stellen.
- Mit einer Drahtschere ein Stück Gitterdraht von der Größe 30 x 50 cm zurechtschneiden und locker so biegen, dass eine wellenartige Verformung entsteht; dabei ergeben sich Wölbungen, die als Freiräume für die Gestaltung mit Blumen genutzt werden können.
- Das freigeformte Drahtgebilde muss an einigen Stellen flach auf dem Teller aufliegen und an den Rändern teilweise anstoßen, um in eine stabile Lage zu gelangen.
- Wasser auf den Teller gießen.

Ausführung

Schneerosen haben ein so geringes Gewicht, dass sie sich mühelos in das Maschengeflecht einfügen lassen und darin Halt finden. Dabei ist zu beachten, dass ihre Stiele im Wasser stehen. Da das flache Gefäß nicht allzu hoch mit Wasser gefüllt werden kann, sollte öfter kontrolliert werden, ob die Schnittstellen ausreichend versorgt sind.

Beim Stecken ist darauf zu achten, dass auch unterhalb der Wölbungen kurzstielige Blüten angeordnet werden, um die Tiefenwirkung des Drahtkörpers zu erfassen.

Neben den reinweißen Schneerosen mit ihrer goldgelben Mitte kommen die braunen, spröden Kiefernnadeln zur Geltung. Nicht einzeln, sondern zu vielen, werden sie kreuz und quer

Herz aus Draht.
Die gute Biegsamkeit von Draht ermöglicht die Konstruktion individueller und freier Formen.

durch das Maschengeflecht gesteckt. Sie verhaken sich ganz von selbst und bleiben dadurch in fester Position.

Wirkung

Keine Farbigkeit stört dieses winterlich kühle Stilleben. Lediglich die kleinen gelben Mitten der Christrosen strahlen wie leuchtende Krönchen.

Die gestreuten Kiefernnadeln verbinden sich mit dem wellenförmigen Drahtgeflecht, ohne dabei Aktivität auszustrahlen. Sie vermitteln eher Statik und Behutsamkeit dadurch, dass sie ineinander über gehen.

Nicht aggressiv, sondern mehr beschützend verdichtend, komprimieren sie den vorgegebenen Gestaltungsbereich.

In diesem Drahtgeflecht genügen wenige Einzelblüten. Eine solche Gestaltung ist eine ganz besondere Möglichkeit, blühende Kostbarkeiten zu präsentieren. Denkbar ist auch, Orchideenblüten, beipielsweise Frauenschuh oder Phalaenopis auf diese Weise hervorzuheben. Auch zierliche Anthurienblüten oder zarte Wicken sind geeignet.

Hinweis: Christrosen wie auch Alpenveilchenblüten werden nicht nur schräg angeschnitten. Der Blütenstiel wird unten zusätzlich 3 cm lang eingeritzt oder leicht eingekerbt.

Das Wasser sollte für alle Schnittblumen stets leicht temperiert sein, da es dann weniger Sauerstoffbläschen freigibt. Die Bläschen würden die vom Stängel aufgesaugte Wassersäule unterbrechen. Damit wird der Wassertransport bis in die Blüte behindert und die Blumen welken schnell.

Freigeformte Drahtgerüste

Dass Draht ein vielfältiges Hilfsmittel ist, wurde bereits mehrfach deutlich.

Aus Draht lassen sich nicht nur Halterungen und Steckhilfen biegen, sondern auch Körper und Hilfskonstruktionen formen, die individuelle Anforderungen erfüllen.

In England werden Drahtkonstruktionen für die Anfertigung von Trauergebinden bevorzugt. Viele freie Formen sind dort bekannt und beliebter als der Kranz bei uns. Die Drahtkörper werden dort mit Sumpfmoos gefüllt und mit Blüten und Blättern ausgesteckt. Das Moos hält Feuchtigkeit und nimmt bei Niederschlag neu Wasser auf.

Für das Anfertigen von Drahtgerüsten braucht man allerdings Geduld. Sicher entspricht das Ergebnis so manches Mal nicht den eigenen Vorstellungen, doch Übung gibt Sicherheit und fördert das handwerkliche Können.

Kurze Skizzierungen vor Beginn einer Gestaltung sind oft hilfreich. Dabei können Schwierigkeiten, die bei der Ausführung der Gestaltung auftreten, bewusst und somit vorzeitig umgangen werden.

Herz aus Draht

Gefäß: Flache Schale.
Steckhilfsmittel: Verzinkter Maschendraht.
Pflanzliches: Maiglöckchen, *Iberis*, Vergissmeinnicht, Ziererdbeerblüten.
Technische Hilfsmittel: Drahtschere, Seitenschneider oder Kneifzange, Kombizange oder Flachzange, Messer, Wickeldraht oder Lötkolben und mehrere Drähte von 1,8-2,2 mm Stärke (Schweißdraht).

Vorbereitung

- Alle Pflanzenteile anschneiden und vor der Verarbeitung mindestens eine Stunde ins Wasser stellen.
- Herzförmige Rahmenkonstruktion biegen aus Drähten von 1,8–2,2 mm Stärke, sogenannten Schweißdrähten (erhältlich im Heimwerkermarkt).
- Die aneinanderstoßenden Drahtenden mit Wickeldraht zusammenbinden oder verlöten.
- Anbringen gewölbt gebogener Drähte, die den Umriss der Herzform überkreuzen und so einen Körper entstehen lassen.
- Herzform auf Maschendraht legen; diesen 2–3 cm überstehend der Form folgend zuschneiden.
- Maschendraht über die gewölbte Herzkonstruktion biegen und mit Wickeldraht am Unterbau befestigen; an manchen Stellen lässt sich das Gitter durch einfaches Umbiegen am Schweißdraht fixieren.
- Fertiges Gestell auf eine große flache Schale legen, Wasser auffüllen.

Ausführung

Die Blüten werden, nach Arten geordnet, zu kleinen Sträußen mit je 3–5 Stielen zusammengefasst und durch die Gittermaschen gesteckt.

Erdbeerpflanzen und Maiglöckchen haben hübsches Blattwerk, das unbedingt mit in die Steckarbeit gehört. Die grünen Flächen der Blätter bringen Ruhe in die kleinblütige Blumenauswahl und kaschieren gleichzeitig das Drahtgestell.

Durch das geordnete Gruppieren der zarten Blütenstände können unsere Augen jede Einzelblüte besser wahrnehmen als das bei einer regelmäßigen, bunten Streuung der Fall wäre. Bei dieser Arbeit kann bewußtes Gestalten nachvollzogen werden. Nichts erscheint zufällig, alles ist gewollt.

Sämtliche Stiele müssen im Wasser stehen. Da in weiten flachen Gefäßen die Verdunstungsfläche besonders groß ist, muss Wasser nachgefüllt werden, damit eine stete Versorgung der Blumen gewährleistet ist.

Wirkung

Ein solcher Blumenschmuck ist etwas ganz Besonderes und Anspruchsvolles. Anmut und eine gewisse Heiterkeit gehen von ihm aus, hinzu kommt, dass die Herzform etwas speziell Intimes vermittelt.

Hinweis
Welke Blüten können in Drahtkonstruktionen mühelos ausgetauscht werden.

Blumige Regenrinne.
Blumenschmuck zum laufenden Meter addierbar vermag Tafeln und Buffets zu beleben und zu verschönern.

Blumige Regenrinne

Garten- und Hobbymärkte und auch Blumenfachgeschäfte bieten mitunter nicht alltägliche Steckgefäße an. Ein solches wasserdichtes Gefäß, die Regenrinne, wird in diesem Beispiel verwendet.

Als technisches Hilfsmittel zum Stecken bietet sich kleinmaschiger Gitterdraht an, der über die Rinnenöffnung gelegt und an ihr befestigt wird.

Es ist möglich, den Draht zu beiden Seiten der Gestaltung sichtbar zu lassen. Eine andere Möglichkeit ist, die Drahtfläche vollkommen mit Blumen auszustecken. In diesem Fall hat sie dienende Funktion und wird nicht als Gestaltungselement eingesetzt.

Möchten wir jedoch das technische Hilfsmittel in die Gestaltung mit einfließen lassen, muss es dem Betrachter zugänglich sein. Es erhebt dann neben den Blumen einen eigenen Geltungsanspruch.
Gefäß: Seitlich geschlossene Regenrinne auf kleinen Blechfüßen.
Steckhilfsmittel: Verzinkter Maschendraht.
Pflanzliches: Dunkelrosa blühende Kartoffelrosen (*Rosa rugosa*) roter Hornklee, frühe, noch grüne, rotgestielte Holunderfrüchte, leuchtend gelbe *Bidens*-Blüten, königsblauer Rittersporn.
Technische Hilfsmittel: Drahtschere, Seitenschneider oder Kneifzange, Messer.

Vorbereitung

- Alle Pflanzenteile anschneiden und vor der Verarbeitung mindestens eine Stunde ins Wasser stellen.
- Gitterdraht zurechtschneiden in Größe der Rinnenöffnung plus einer Zugabe von 4 cm an den zwei Längsseiten.
- Aufgelegtes Drahtgitter um die Rinnenkanten nach unten biegen.
- Mit Hilfe einer spitzen Zange den Draht an den Kanten festdrücken, damit er eng am Gefäß anliegt.
- Wasser in die Rinne füllen.

Ausführung

Die relativ kurzstieligen Blumen und Fruchtstände werden locker geordnet in das Drahtgeflecht eingehängt. Blumen mit längeren Stielen liegen über der so entstandenen Blütenkuppel, wodurch sich eine reizvolle Verflechtung ergibt.

Nun ist zu entscheiden, ob das Drahtgitter ganz von Blumen überzogen wird oder ob die Technik sichtbarer Bestandteil der Gestaltung bleiben soll.

Wirkung

Diese Steckarbeit kann als rustikale Dekoration dienen. Sie passt zu einem Fest im Garten, in der Scheune oder zur Rohbaueinweihung beim Richtfest. Auch als Präsent für einen solchen Anlass ist sie ideal. Als Buffetschmuck oder als Akzente an langen Esstischen sind schmale Blumengestaltungen stets willkommen.

Einfache Blumen aus dem Garten oder vom Feldrand passen in ihrem Charakter zu der simplen Metallrinne. Die Farben in diesem lockeren Blumengefüge wirken munter.

Schön und zweckmäßig zugleich ist diese Dekoration, da sie beliebig erweiterbar in Ausmaß und Umfang ist.
Hinweis:
Eine Gestaltung ist erst fertig, wenn jede weitere Hinzufügung störend wirkt und wenn nichts weggenommen werden kann, ohne dass der Eindruck entsteht, es fehle etwas. Wir entscheiden mit unserem Geschmack, wann dieser Punkt erreicht ist.

Der gute alte Steckigel

Wird nur mit wenigen Blumen gestaltet, bietet sich der Einsatz eines

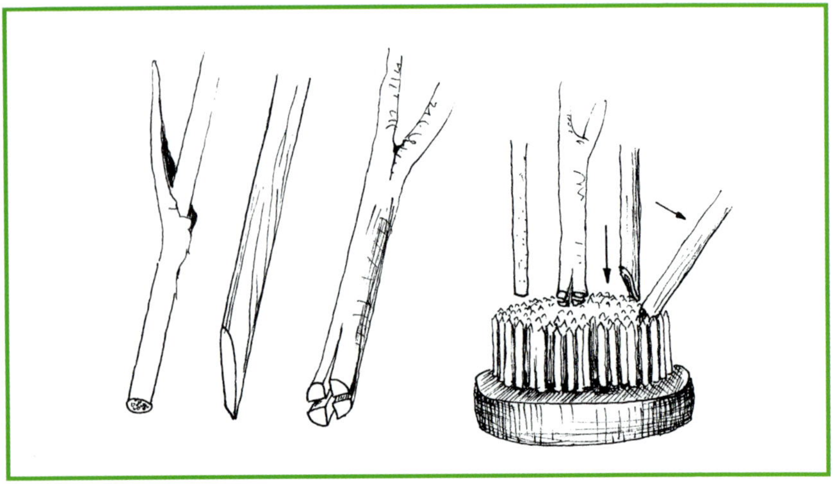

Krautige Stiele werden gerade, holzige schräg angeschnitten, zum leichteren Aufstecken auch von unten aufgespalten. Alles wird senkrecht auf die Nägel und dann in die gewünschte Neigung gedrückt.

Steckigels an. Er ist ein altes technisches Hilfsmittel, das von jeher in der japanischen Blumenkunst Verwendung findet. Der Steckigel ist auch als »Kenzan« bekannt. Er besteht aus einer Blei-Silamon-Platte mit Messingnägeln. Es gibt ihn in unterschiedlichen Größen im Blumenfachgeschäft zu kaufen; ein Durchmesser von 5–12 cm ist am gebräuchlichsten.

Da ein Kenzan sich kaum abnutzt, ist er jahrelang zu gebrauchen. Aus diesem Grund sollte man die Anschaffung von Steckigeln nicht scheuen, auch wenn sie nicht ganz billig sind.

Stabilität

Der Kenzan besitzt nur eine kleine Grundfläche, vermag aber einem großen Volumen ausreichend Standfestigkeit zu verleihen. Da er jedoch frei im Gefäß liegt, ist ein Arrangement mit Kenzan schlecht zu transportieren. Das ist auch einer der Gründe dafür, dass im Fachgeschäft auf den Einsatz dieses Hilfsmittels weitgehend verzichtet und lieber mit Steckmasse gearbeitet wird.

Beim häuslichen Blumenstecken aber ist ein Steckigel ideal und vielseitig einsetzbar. Jeder, der Blumen arrangiert, sollte sich mit der Zeit mehrere Steckigel anschaffen.

Die Belastung des Nagelblocks kann beim Stecken manchmal so unausgeglichen sein, dass ein Beschweren des Kenzans erforderlich ist. Hierfür wird ein zweiter Igel eingehakt oder Steine dienen als Ausgleich.

Wasserversorgung

Für die Verarbeitung auf dem Kenzan werden Blumen gerade angeschnitten, Zweige hingegen schräg. Starke Äste erhalten Stabilität durch zusätzliches, kreuzweises Spalten. Nach dem Anschnitt werden alle Gestaltungsmittel gerade auf die Nägel gesteckt und anschließend in die gewünschte Richtung geneigt.
Der Wasserstand sollte mindestens so bemessen sein, dass alle Kenzannägel bedeckt sind. Sämtliche Schnittstellen müssen sich im Wasser befinden. Haben die Gefäße eine große Verdunstungsfläche, muss eine regelmäßige Kontrolle des Wasserstandes erfolgen, damit eine optimale Wasserversorgung gewährt ist.

Haltbarkeit der Blumen

Da die Schnittstellen der Pflanzenteile ungehindert Wasser aufnehmen können, halten die Blumen besonders lange. Keine Steckmasse bietet diesen Vorteil. Das erklärt die Beliebtheit des Kenzans, gerade beim häuslichen Blumenstecken.

Alpenveilchenblüten und Christrosen gehören zu den Gewächsen, denen eine Verarbeitung auf dem Steckigel sehr willkommen ist. Auch Weihnachtssterne, Mohn und Blumen mit fleischigen Stielen halten in dieser Steckhilfe gut.

Sichtbare Technik

Nagelblöcke müssen nicht abgedeckt oder kaschiert werden. Verzichtet man auf Abdeckmaterial, ist das Wasser leichter sauber zu halten.

Aber nicht jedem gefällt es, wenn die funktionale Steckhilfe deutlich sichtbar ist. Gewaschene Steine, abgespälte Rindenstücke, die nicht ins Wasser ragen, oder über den Gefäßrand gelegtes Geäst decken die Steckhilfe ab, ohne dabei das Wasser zu verunreinigen, und sind zugleich stimmungsvolle Begleiter. Der Blick trifft auf organisches Material, die künstlichen Steckhilfen fallen nicht mehr ins Gewicht. Die Entscheidung, welches Abdeckmaterial konkret verwendet wird, liegt beim Gestalter. Die Lösung sollte aber milieugerecht sein, das heisst, zu den ausgewählten Pflanzen passen.

Früher Herbst

Je weiter der Sommer fortschreitet, desto mehr schwindet das strahlende Leuchten der Blütenfarben in der Natur. Viele Kräuter am Wegrand sind von der Sonne verdorrt. Sie zeugen mit ihren skelettartigen Fruchtständen, wie hier die Wilde Möhre, von der Vergänglichkeit. Wenn der Sauerampfer sein Rot in den Samenscheiben gegen rostfarbenes Braun eintauscht, dann haben die heißen Tage ihren Höhepunkt überschritten.

Helenium, im Volksmund »Sonnenbraut« genannt, bildet in Charakter und Farbe eine gute Ergänzung zu den Pflanzengefährten vom Wegrand. Ihre orangefarbenen bis rostbraunen flattrigen Blütenblätter sind um die dunkelbraune knopfartige Blütenmitte

so angeordnet, dass sie sich wie ein kleiner geöffneter Schirm ausbreiten. *Helenium* gehört zu den höher wachsenden Sommerstauden und hält als Schnittblume besonders gut.

Alle für diese spätsommerliche Komposition ausgewählten Pflanzenteile sollten so verarbeitet werden, wie es ihrer natürlichen Wuchshaltung entspricht. Eine parallel senkrechte Anordnung ist daher geeignet, die Blumen zu einer wirkungsvollen Einheit zusammenzufügen.

Mit der Gefäßauswahl bestimmen wir die Gesamtwirkung. Soll die ursprüngliche, in der Natur beobachtete Wuchsform nachempfunden werden, wählen wir für die Gestaltung eine möglichst flache Schale. Sie übernimmt funktional als wasserbereitstellendes Gefäß die Bedeutung des Erdbodens, in dem diese Pflanzen in der Natur Halt finden.

Soll das fertige Gesteck nicht transportiert werden, kann schnell und einfach mit Steckigeln gearbeitet werden.

Gefäß: Untersetzer aus Ton von 40 cm Durchmesser.
Steckhilfsmittel: Mehrere Steckigel unterschiedlicher Größe.
Pflanzliches: Eingetrocknete Fruchtstände der Wildstaude Wilde Möhre, Sauerampferfruchtstände vom Wegrand, *Helenium*, Roggenhalme mit Ähren.
Technisches Hilfsmittel: Messer.

Früher Herbst.
Wie natürlich gewachsen lassen sich Pflanzenteile auf Nagelblöcken zur Geltung bringen.

Vorbereitung

- Alle frischen Pflanzenteile anschneiden und mindestens eine Stunde ins Wasser stellen; die bereits eingetrockneten Pflanzen (Möhre, Getreide) brauchen dies nicht.
- Steckigel unterschiedlicher Größe in das Gefäß legen.
- So viel Wasser in die Schale füllen, dass die Nägel der Steckigel bedeckt sind (nach Fertigstellung des Arrangements wird bis zum Gefäßrand Wasser aufgefüllt).

Ausführung

Schwere Pflanzenteile, wie der Sauerampfer, werden auf einen großen Igel gesteckt, leichtere hingegen auf entsprechend kleinere. Alle Stiele erhalten einen geraden Anschnitt, damit sie mit ihrem gesamten Stengeldurchmesser Halt zwischen den Metallnägeln finden. Man beginnt mit der Gestaltung von innen nach außen, also von der Mitte aus. Dabei müssen dort nicht unbedingt die höchsten und längsten Stiele plaziert sein. Auch in der Natur stehen kurze und lange Blumen, dichte und vereinzelte Stiele nebeneinander.

Ziel ist, ein harmonisches, stimmungsvolles Miteinander entstehen zu lassen. Es liegt nun beim einzelnen Gestalter, wie er das auszudrücken vermag.

Um auch dünnen Blumenstielen und Gräsern festen Halt zwischen den Nägeln eines Kenzans zu geben, bieten sich praktische Hilfen an: Bündelung mehrerer Stiele, Bündelung einer Blume oder eines Grases mit mehreren Stängelabschnitten, Einklemmen des dünnen Stieles mit einem dicken Stängelstück oder das Überziehen eines hohlen Stängelabschnittes über das dünne Stielende (von links nach rechts).

Schön ist es, wenn eine lebendige Beziehung zwischen den Gestaltungsmitteln entsteht, die ihre Spannung durch den Wechsel von Höhen und Tiefen erreicht.

Wirkung

Die Wärme des Spätsommers ist in den Farben dieser Gestaltungsmittel sehr gut spürbar. Das satte Blattgrün von *Helenium* belebt regelrecht die rostrote, braungetrübte Farbpalette der blühenden, fruchtenden und den bereits abgestorbenen Pflanzenteilen. Ein ganzer Pflanzenzyklus, dargestellt mit verschiedenen Blumen und Fruchtständen, ist nachvollziehbar.

Sowohl die Farbe des Gefäßes als auch sein rustikaler Charakter passen hervorragend zur Gestaltung. Schlicht und dienend übernimmt die Schale ihre Funktion, ohne aufdringlich zu erscheinen. Ihr Durchmesser ist weit genug, die Höhen- und Breitenausdehnung der Gestaltung aufzufangen. Auch zu den kompakten Fruchtständen bildet die weite Form einen guten Ausgleich, denn ausgewogen sollte eine Gestaltung stets sein.

Hinweis

Manche Stiele sind zu dünn, um einzeln im Nagelblock zu halten. In diesem Fall empfiehlt es sich, mehrere Stiele der gleichen Art miteinander zu stecken, wenn das die Gestaltung zulässt. Gerade bei Gräsern empfiehlt sich diese Vorgehensweise. Sie könnten sogar durch eine sichtbare Bündelung, beispielsweise mit einem Bastfaden oder farblich passenden Textilbändchen, zusammengebunden werden und so als gesteckte Einheit erscheinen. Aber auch die Verwendung eines kurzen Stängelabschnittes, der direkt neben dem zu dünnen Stiel zwischen die Nägel geklemmt wird, ist eine erprobte Steckhilfe.

Glasmurmeln in Glasvasen

Die Vorzüge transparenter Glasgefäße sind bekannt. Alle Stiele lassen sich in ihrem gesamten Bewegungsverlauf mit den Augen verfolgen.
Eingelegte Steine, Glasbrocken oder Murmeln sind dabei nicht nur schöne, sondern gleichzeitig praktische Gestaltungshilfen. Dazwischen lassen sich Pflanzenteile einklemmen und so in eine gewünschte Position stellen.

Reizvolle Gestaltungen lassen sich erzeugen, wenn ein Blumenarrangement aus zwei Teilen komponiert wird. Wählen wir zwei gleichartige Gefäße unterschiedlicher Größe aus und stellen sie erst einmal einfach nebeneinander, so beginnen unsere Augen bereits zu vergleichen. Werden beide Gefäße dann mit wenigen Blumen so gestaltet, dass sie miteinander korrespondieren, lässt sich eine interessante Gesamtwirkung erzielen.

Gefäße: Zwei Glasvasen von schlichter einfacher Form, 15 und 25 cm hoch.

Steckhilfsmittel: Glasmurmeln.

Pflanzliches: Drachenkopf und Staudenwicken; zarte blühende Gräser vom Wegrand.

Technisches Hilfsmittel: Messer.

Vorbereitung

- Alle frischen Pflanzenteile anschneiden und vor der Verarbeitung mindestens eine Stunde ins Wasser stellen.
- Glasmurmeln vor dem Einfüllen in die Glasgefäße mit Wasser abspülen; angestaubte Kugeln trüben die Wasseroberfläche, was in Glasvasen unschön ist.
- Murmeln in die Vasen geben; brauchen sie nur wenigen Blumen Halt

zu geben, dann reicht es, maximal die Hälfte des Gefäßes damit zu füllen.
- Wasser in die Vasen füllen.

Ausführung

Ein mehrteiliges Arrangement sollte am besten dort gefertigt werden, wo es später stehen soll. Alle zuvor ausgewählten Blumen werden ihrem Wuchs gemäß zwischen die Murmeln gestellt. Das größere Gefäß dominiert; es übertrifft das kleine in Höhe und Volumen. Es erhält auch die Blumen, die in ihrer Erscheinung dominieren. Außerdem benötigen Drachenkopf und Wickenranken aufgrund ihrer Bewegungsform und ihrer Länge mehr Halt und Standfestigkeit, was die große Vase bietet.

Versetzt hintereinander gestellt, haben beide Vasen eine gute Position zueinander, die so genutzt werden kann, dass sich die ausschwingenden Wicken und der interessant gewachsene Stiel des Drachenkopfes dem kleinen Gefäß zuwenden können. Durch geschicktes Einstellen kann diese Hinwendung zum Gegenüber mit einer Gegenbewegung von dort erwidert werden.

Die Antwort auf das bewegte Spiel der langen Blütenstiele übernehmen in dieser Gestaltung lediglich zwei sehr hoch gewachsene blühende Grashalme und ein zarter, gebogen gewachsener Stiel des Drachenkopfes. In leicht schräger Anordnung, parallel nebeneinander eingeklemmt zwischen den Murmeln, neigen sie sich den dominierenden Blütenstielen zu.

Wirkung

Das interessante Linienspiel führt zu optischen Überschneidungen, was eine spannungsvolle Korrespondenz zur Folge hat.
Die Blütenfarben erscheinen in blassem Hellrosa und gebrochenem Weiß. Diese zarten Pastellfarben werden nicht durch andere Farben in kräftigen oder grellen Tönen gestört.

Die matten, moosgrünen und glänzenden klaren Glasmurmeln in den Vasen zeigen behutsame Zurückhaltung und gleichen in ihrer Farbgebung den beblätterten Pflanzentrieben.

Die weit hinausragenden Gräser unterstreichen die Transparenz und Zerbrechlichkeit des Glases und tragen so zu einer harmonischen Gesamtwirkung bei.

Hinweis
Steckhilfen, die in Glasvasen verwendet werden, müssen sauber sein, damit weder eine Trübung des Wassers noch Fäulnis entsteht.

Glasmurmeln in Glasvasen.
Die Transparenz des Glases lässt ausgesucht schöne technische Hilfsmittel zu, die den Blumen festen Stand ermöglichen.

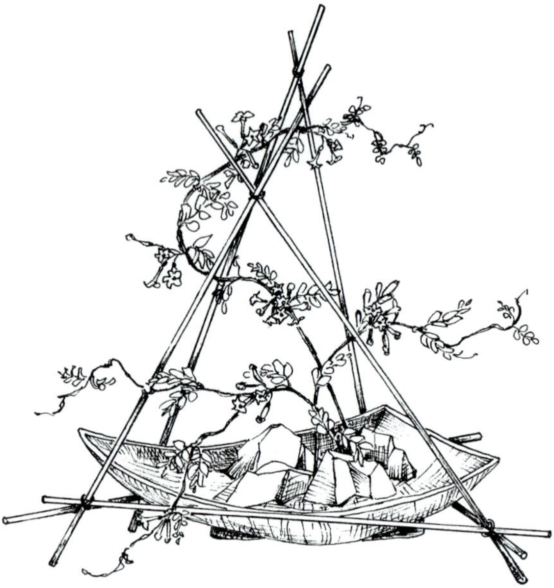

Wird um ein Gefäß – gleich welcher Art – ein Gerüst aus Stäben oder Geäst gestellt, können sich Blumen daran anlehnen. Hier ist es Jasmin, der zwischen Steine eingeklemmt, in der konstruierten Rankhilfe Halt findet.

Eingeklemmt zwischen Glasbrocken

Glasbrocken, wie sie in Geschäften mit Dekomaterial angeboten werden, stammen aus den großen Schmelzöfen für die Glasherstellung. Oft haben sie einen leicht grünlichen Schimmer und ihre glatten gebrochenen Seitenflächen muten fast eisig an.

Auf flachen Schalen oder in transparenten Glaszylindern wirken sie besonders ausdrucksvoll. Ihre bizarre, unregelmäßige Gestalt verlangt nach einer klaren, schlichten Gefäßform.

Glas als Rohprodukt ist im Zusammenwirken mit einem Gefäß gleichen Materials besonders reizvoll. Zwischen die gläsernen Brocken lassen sich Blumen und Zweige mit interessanten Bewegungen einfügen.

Ist die Gefäßöffnung groß genug, kann eine Hand hineingreifen, um die Glasklumpen zu halten, während mit der anderen die Blumenstiele dazwischen gesteckt werden.

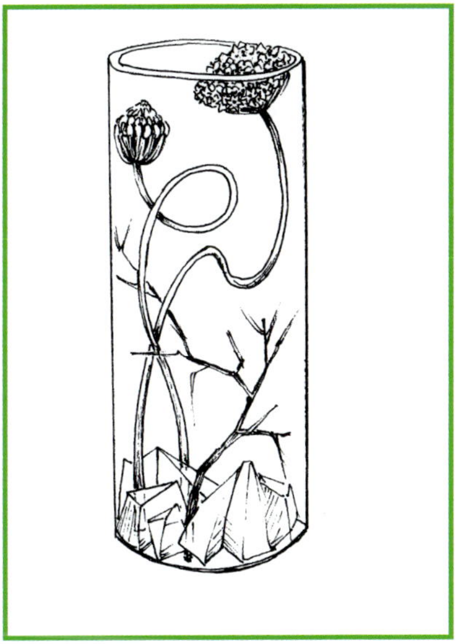

Die glatten Blütenschäfte blühender Zwiebeln, etwa vom Knoblauch oder vom Milchstern (Ornithogalum) verlaufen oft recht skurril. In einem transparenten Glaszylinder zwischen Glasbrocken eingeklemmt, haben sie eine grafische Wirkung.

Bei einem großen Gefäßvolumen kann die Gestaltung auch innerhalb des Gefäßes zur Geltung kommen (siehe Seite 59).Bei der Auswahl der Gestaltungsmittel sollte man sich dabei auf wenige Pflanzenteile beschränken, damit die Besonderheit der Gestaltung gewahrt bleibt.

Hat eine Vase eine so kleine Öffnung, dass eine Hand nicht hineinpasst, kann man einen dünnen Bambusstab verwenden. Hiermit lassen sich die Klemmhilfen aus Glas so dirigieren, dass die Stiele dazwischen eingefügt werden können.

Das Gewicht der Glasbrocken ist so gering, dass sie die Pflanzenteile nicht quetschen. Trotzdem sollte behutsam vorgegangen werden, wenn Blumen und Zweige in die gewünschte Position gesteckt werden.

Halt zwischen Steinen und Stäben

Der Reiz flacher Gefäße

Flache Schalen, Teller oder Platten eignen sich in besonderer Weise für unterschiedliche Gestaltungen. Zunächst kann man sich kaum vorstellen, wie Blumen auf einer fast ebenen Fläche ohne Steckmasse arrangiert werden können. Sicher gehört Experimentierfreude dazu, wenn man bei der Gefäßauswahl zum Teller oder zur Platte greift.

Man beginnt damit, einige ausgewählte Steine einfach auf die Platte zu legen. Ihre Position gliedert bereits die Fläche. Und schon hat das Gestalten begonnen. Simpel wäre es nun, ein paar kurzstielige, sich neigende Blumen zwischen diese zu klemmen.

Aber wie können wir vorgehen, wenn interessante Ranken zur Verfügung stehen? Schön zu verarbeiten sind Wickenranken und *Clematis*. Aber auch Jasmin lässt sich gut verarbeiten, und zwar sowohl die im Winter blühende Art aus dem Garten wie die weiß-rosa blühende Zimmerpflanze.

Jasmin – ein zarter Ranker

Der Zimmerjasmin gehört zu den Topfpflanzen, die sich nicht nur durch ihren zarten, süßlichen Duft auszeichnen. Die Ranken sind auch besonders schön gegliedert und strukturiert. Die doppelt gefiederten, kräftig grünen Blätter sitzen gegenständig in nicht zu dichten Abständen an langen, ausschwingenden Trieben. Aus ihren Achseln entspringen die weißlichen Blüten, die wie gestielte Tellerchen aussehen und dezent duften.

Die Pflanze braucht eine Kletterhilfe, wenn man die Wuchsrichtung vorgeben möchte. Auch als Schnittblume in einem Arrangement verwendet, braucht der Jasmin eine Rankhilfe, wenn die frei abfließende Wuchsrichtung nicht gewünscht ist.

Rankhilfen

Manchmal muss eine Art Gestell gefertigt werden, an das sich filigrane Ranken anlehnen können. Eine elegante geometrische Gefäßform verlangt nach einer ebenso eleganten Lösung.

Dünne Stäbe sind ideale Helfer. Naturbelassene Holzstäbe, aber durchaus auch farbige (bepinselt, gefärbt oder mit Fäden umwickelt), sind reizvoll.

Um die Schalenfläche nicht zu beeinträchtigen, wird eine Konstruktion gewählt, die das Gefäß umrahmt. Die Dreiecksform der Schale wird automatisch in das Gestell übernommen.

Mit Bast oder farbigen Garnen werden die Schnittpunkte der Stäbe befestigt. Die Anzahl der Holzstäbe kann frei gewählt werden, sie sollte jedoch der Anzahl der zu stützenden Ranken genügen und optisch nicht zu massiv wirken.

Gefäß: Flache keramische Schale in Dreiecksform.

Steckhilfsmittel: Mehrere Steine von der Größe einer halben Faust.

Pflanzliches: Zimmerjasmin, abgeschnitten von einer Topfpflanze.

Technische Hilfsmittel: Messer, Rosenschere, Rankhilfe aus Holzstäben konstruiert, farbige Baumwollfäden.

Vorbereitung

- Alle frischen Pflanzenteile anschneiden und vor der Verarbeitung mindestens eine Stunde ins Wasser stellen.
- Einen oder mehrere Holzstäbe in Dreiecksform um die Schale auf die Tischfläche legen (die Stäbe sind in Bastelabteilungen erhältlich in der Stärke eines Bleistiftes oder dünner und bis zu einer Länge von 1 m).
- Mit der Rosenschere so beschneiden, dass sie etwa 10 cm über die Seitenkanten der Schale hinausragen.
- Liegende Stabenden übereinander kreuzen und mit Band zusammenbinden, so dass eine feste Dreiecksform entsteht.
- Hochstehende Rankhilfe schaffen: zwei Stäbe so gegeneinanderstellen, dass sie die Schale überdachen; ihre oberen Überkreuzungen zusammenbinden, danach können ihre Enden an den liegenden Stäben fixiert werden, wobei sie etwas ange-

hoben werden; durch Hinzufügen weiterer sich kreuzender Verbindungen entsteht ein festes Gerüst, das die Schale räumlich wirkungsvoll umspannt.
- Steine auf die Schale legen.
- Wasser auffüllen.

Ausführung

Die etwas unterschiedlich großen Steine so auf die Schale legen, dass sie sich gegenseitig anstoßen. Zwischen ihre Berührungsflächen werden die abgeschnittenen Jasminranken geklemmt. Die Steine werden dazu etwas auseinander- und dann wieder zusammengeschoben.

Die ausladenden Triebe des Jasmins können jetzt durch das konstruierte Gerüst gewoben werden, um sie fest zu positionieren. Der lockere Bewegungslauf darf aber nicht beeinträchtigt werden.

Zum Fixieren werden die gleichen Fäden verwendet, wie für die Gerüstkonstruktion.

Wirkung

Transparenz und Leichtigkeit vermittelt diese Gestaltung; ein filigranes Stilleben ist aus dem Zusammenwirken von Gewachsenem und Konstruiertem entstanden.

Hinweis

Manchmal übertrifft der Aufwand für die Vorbereitung den für die Gestaltung um vieles. Deshalb sollte stets abgewogen werden, ob die vorausgegangenen Mühen das geschaffene Gestaltungsergebnis rechtfertigen. Aber Versuche, die auch misslingen dürfen, machen erfinderisch, um zeitsparende Arbeitstechniken zu entwickeln, die gleichzeitig der Gestaltungsabsicht entsprechen.

Somit lohnt jede theoretische und praktische Auseinandersetzung, weil sie Wegbereiter für alles künftige Tun sein kann.

Blutpflaume im Stäbchenraster

Es ist immer spannend, eine Gefäßfüllung vorzunehmen, bei der Räumlichkeit spürbar wird. Die Wirkung des pflanzlichen Materials darf dabei nicht von schmückenden Beigaben oder sichtbaren technischen Hilfsmitteln überlagert werden. Um den Reiz der Blumen ungemindert zur Geltung zu bringen, sind Freiräume nötig. Weite, großzügige Gefäße schaffen hierfür bereits eine gute Ausgangsposition.

Gerade im Frühjahr wird Blumenschmuck gern mit blühenden Zweigen gearbeitet. Die Blutpflaume mit ihren zartrosa Blüten und ihrem schwarz-roten Laub gehört zu den blühenden Gehölzen, die besonders attraktiv sind. Wenige Zweigspitzen genügen schon für eine üppige Blütenfülle. Sie ohne weiteres Beiwerk anzuordnen, ist auch eine hübsche Gestaltungsidee.

Sicherlich können Zweige wie ein loser Strauß schlicht und einfach in eine weite Glasvase gestellt werden. Doch eine bewusste Gestaltung beginnt dort, wo wir uns Gedanken machen, wie wir die ausgewählten Blumen präsentieren wollen.

Für ein lockeres Arrangement bieten sich selbstgefertigte Raster aus dünnen Stäben an, die je nach Gefäßöffnung bemessen werden.

Da die Stäbe in unterschiedlichen Längen und Farben in Bastelabteilungen angeboten werden, können sie passend zum Zweck gewählt werden. Sie sollen dazu dienen, den Blutpflaumenzweigen Halt zu geben.
Gefäß: Glaspokal mit weiter Öffnung (Bowlengefäße oder große Windlichter sind auch geeignet).
Steckhilfsmittel: Raster aus dünnen, halmähnlichen Stäben, zusammengeknotet mit farblich passenden Baumwollfäden.
Pflanzliches: Zweigspitzen einer blühenden Blutpflaume.
Technische Hilfsmittel: Messer, Schere zum Bandschneiden.

Vorbereitung

- Die Zweige anschneiden und vor der Verarbeitung für mindestens eine Stunde ins Wasser stellen.
- In das Gefäß eine große Glaskugel legen, die nicht nur farblich zu den Zweigen passt und einen wirksamen Akzent darstellt, sondern auch erreicht, dass die Zweige sich um den Gefäßrand verteilen und

so oberhalb der Kugel einen Raum bilden.

- Zur Rasterherstellung die Gefäßöffnung mit einem Stab abmessen; um eine dekorative Wirkung zu erreichen, sollten die Rasterstäbe 5–8 cm über den Gefäßrand hinausragen und unterschiedlich lang enden. Dadurch wirkt das Gerüst nicht so langweilig. Das Raster ist nur so groß wie die Vasenöffnung. Nun die Stäbe so auf die Tischplatte legen, dass sie ein Gitter aus Vierecken bilden; an den Schnittpunkten die Stäbe mit einem farblich abgestimmten Baumwollfaden über Kreuz miteinander verknoten.
- Wasser einfüllen bis zum unteren Drittel der Glaskugel.
- Als zarte dekorative Beigabe können kleine Blütenköpfe (hier: Hornveilchen) auf das Wasser gelegt werden, die in dem Gefäß schwimmen und sich in der glänzenden Kugel spiegeln.

Ausführung

Das fertige Gitter wird auf die Vasenöffnung gelegt. Nun werden die Zweige behutsam so durch die Gittermaschen geführt, dass sie sich dabei um die Kugel reihen.

Die Zweige werden so gestellt, dass sie sich einander zuwenden und wie ein blühendes Dach über der weiten Öffnung erscheinen. Sie könnten natürlich auch so angeordnet werden, dass sie seitlich ausschwingen.

Als dekorative Zugabe durchkreuzen hier ungekürzte Stäbe allseitig den Blütenflor und das Gitter. Sie werden vorsichtig von oben, an den zarten Blüten vorbei, schräg zu den Seiten hin ausgerichtet und enden auf der Tischfläche, so dass ein bizarres Gebilde entsteht.

Blutpflaume im Stäbchenraster. Technische Hilfen müssen Verzweigungen Raum zur freien Entfaltung gewähren.

Wirkung

Das Zusammenspiel von Gefäß, Kugel und zarten Blütenzweigen wirkt elegant. Das farblich passende Raster aus dünnen Stäben stört trotz seiner großzügigen Machart nicht. Es hilft, Freiräume zu schaffen, die Transparenz und Leichtigkeit vermitteln. Diese Wirkung kennzeichnet die Gestaltung und wird nicht zuletzt durch die zusätzlich eingefügten Stäbe besonders hervorgehoben.

Hinweis

Große Glasgefäße eignen sich gut, mit Steinen, Muscheln, Kugeln oder ähnlich dekorativen Utensilien gefüllt zu werden, die das Wasser nicht verunreinigen. Dabei sollten wir uns nur auf wenige Besonderheiten beschränken, denn sonst geht die Gesamtwirkung verloren.

Reagenzgläser als Gestaltungselement

Glasgefäße zeichnen sich durch Leichtigkeit und Transparenz aus. Das Licht

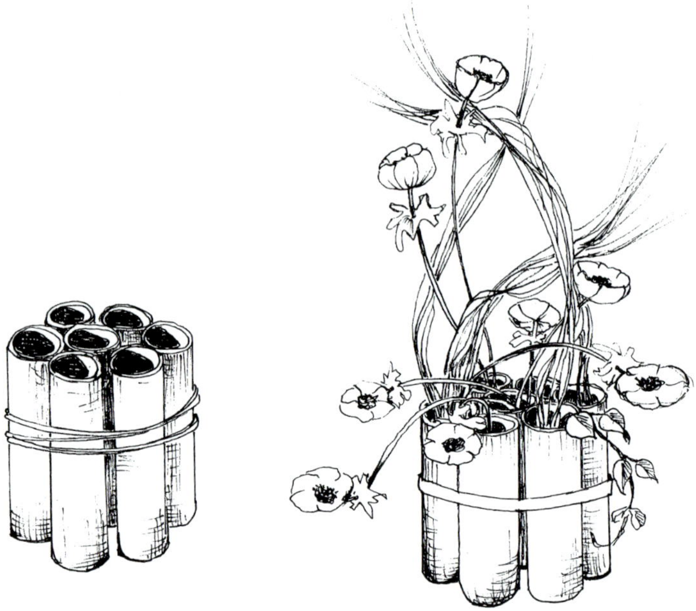

Bündelt man Reagenzgläser zu einer Gefäßeinheit, benötigt man keine weiteren Steckhilfsmittel, weil die Röhren guten Halt geben. Reizvoll sind transparente Anordnungen mit gegenläufigen Bewegungen.

kann sich in ihnen brechen und durch sie hindurchfallen. Die Wuchsrichtungen der Blumen lassen sich mit den Augen verfolgen, Pflanzenstiele enden nicht unsichtbar in der Vase.

Jeder Blume die eigene Vase

Um die Schönheit und Besonderheit einer einzelnen Blume zu präsentieren, gibt es schon von jeher spezielle Vasenformen. Als Orchideen- oder Rosenvasen werden sie noch heute bezeichnet. Sie sind röhrenförmig mit einem breiten oder schweren Fuß; auch größere Glaskörper mit einem röhrenförmigen Hohlraum sind für einzelne Blumen vorgesehen.

Inzwischen werden für Einzelblüten gerne Reagenzgläser aus dem Laborbedarf verwendet. Ihre Einsatzmöglichkeiten sind vielfältig. Da sie leicht zu befestigen sind, lassen Reagenzgläser viele Gestaltungsvarianten zu.

Ein Reagenzglas, ein umwickelter, starker Steckdraht und zwei dicke Glasperlen, an die Drahtenden geklebt, ergeben mit wenigen Blüten und Blattwerk einen zierlichen Tischschmuck.

Einzeln oder gebündelt, gehängt oder gestellt

Reagenzgläser werden in unterschiedlichen Längen und Durchmessern in Geschäften für Laborbedarf angeboten. Auch unbeschriftete Glasröhrchen, in denen Vanilleschoten gehandelt werden, sind verwertbare Gefäße. Ihr dünner Glasring am Rohrende kann als Vorrichtung zum Aufhängen dienen. Hierfür wird Draht, Nylonfaden, Wolle, Baumwollgarn, Hanf oder Bast unterhalb des Glasringes eng anliegend verknotet.

Grafische Konstruktionen aus trockenem Geäst, Stäben oder Drähten können mit solchen Gläsern behängt werden. Durch den Blumenschmuck, der später die Gläser füllt, entsteht eine interessante Raumdekoration. Dicht am tragenden Gerüst befestigt oder frei hängend, erweisen sich diese wasserhaltenden Röhrchen als äußerst dekorative und praktische Gestaltungsträger.

Formbare Aluminiumleisten

Aluminiumleisten sind in unterschiedlichen Breiten, Stärken und Längen in Heimwerkerabteilungen zu finden. Leichtigkeit und Flexibilität zeichnen sie aus; dadurch sind sie ein ideales Material für freie Konstruktionen.

Gut arbeiten läßt sich mit 1 m langen und 2 cm breiten Profilen. Sie lassen sich einfach mit einem Elektrobohrmaschine bearbeiten und mit nichtrostenden Stahlschrauben aneinander befestigen.

Zu einem Bündel zusammengefasst sind diese Röhrchen als Vaseneinheit ein besonderer Schmuck, zum Beispiel für eine Tischdekoration. Zunächst werden sie mit einem Gummiband zusammengefasst oder mit einem Klebestreifen aneinander fixiert. Dann wird diese Stelle mit Schmuckband oder mit Bastumwicklungen kaschiert.

In Kränzen, die aus Ranken gewunden sind, finden Reagenzgläser ebenfalls gerne Verwendung. Sorgfältig eingeklemmt oder eingebunden in den Kranzkörper, sind sie zweckmäßige Platzhalter für die Blumendekoration.

Einem einzelnen Glas kann man mit einem Steckdraht Standvermögen verleihen. Zunächst wird der Draht mit Wolle oder farbigem Schmuckdraht umwickelt. Dann wird er vorsichtig um das Röhrchen gebogen und die Drahtenden werden zu Füßchen geformt. So entstehen individuelle Einzelvasen. Diese witzige Idee kann man zum Beispiel als Tischschmuck nutzen, wobei der Kreativität freier Lauf gelassen werden kann.

Sommerblumen in Reagenzgläsern

Es ist ein idyllischer Anblick, wenn sich Cosmeen, Dill, Fuchsschwanz und Wicken auf einer sonnigen Rabatte zusammengefunden haben. Ihre unterschiedlichen Wuchs- und Blütenformen lassen sie in ein bewundernswertes Miteinander treten. Ihnen gemein ist ihr helles Blattgrün; dieses Grün trägt der blühende Dill in seinen geöffneten Schirmen.

Hier und da eine Blume zu schneiden, um sie einzeln zu bewundern, gehört zur Gärtnerlust.

Gefäße: Reagenzgläser, 12 cm lang.
Steckhilfsmittel: Reagenzgläser.
Pflanzliches: Cosmeen, Dill, Fuchsschwanz, Wicken.
Technische Hilfsmittel, Zubehör: Messer, Seitenschneider oder Zange, Silberdraht, Aluminiumprofile.

Vorbereitung

- Alle frischen Pflanzenteile anschneiden und vor der Verarbeitung mindestens eine Stunde ins Wasser stellen.
- Halbkugel aus Aluminiumprofilen erstellen. Dafür zunächst jede Leiste an beiden Enden durchbohren; dann bis zu 10 Leisten genau übereinander legen und mit jeweils einer Schraube an beiden Enden befestigen; werden die Schrauben nicht zu

ommerblumen in Reagenzgläsern.
Jnterschiedliche Schwerpunkte lassen die Blüten zu einem tänzelnden Miteinander inden.

fest angezogen, kann man die Aluminiumstreifen zum Halbkreis oder zur Kugel auseinanderbiegen. Die geschlossene, runde Form ist als frei hängendes Objekt im Raum eine interessante Dekoration.

- Reagenzgläser zur Befestigung vorbereiten: Farblich passend zum Aluminium wird Silberdraht gewählt; er lässt sich wie ein Faden um den Hals des Reagenzglases führen, genau unterhalb der Gefäßöffnung; da jedes Glas frei hängend zwischen zwei Profilleisten in Position gebracht werden soll, werden nacheinander zwei Drähte von etwa 25 cm Länge so am Röhrchenende befestigt, dass sie sich gegenüberstehen; jedes Glas wird zwischen zwei Leisten so festgebunden, dass es frei hängt und die Öffnung so ausgerichtet ist, dass kein Wasser ausläuft.
- Wasser in die Gläser füllen.

Ausführung

Die für die Gestaltung ausgewählten Blumen haben einen besonderen Wuchs und eine spezielle Wirkung. Transparenz geht von den Schirmchen des Dills aus, die Cosmeen mit ihren flattrigen Blütenblättern haben gebogene Stiele. Wicken suchen mit ihren Ranken nach Anlehnung und der Fuchsschwanz liebt es, frei herabzuhängen.

Die Einzeldarstellung der Blumen in den Glasröhrchen ermöglicht es, auf diese Besonderheiten aufmerksam zu machen und ihnen Wirkung zu verschaffen.

Die Blumen werden so geschnitten, dass sie sich nicht zu weit über die Kuppelform erheben, sondern mit ihrer Wuchsform deren Wölbung begleiten. Die unterschiedlichen Positionen der Gläser ermöglichen es, die Gestaltungsmittel so zu arrangieren, dass sie einander zugewandt sind. Jede Blume tritt einzeln für sich in Erscheinung und dennoch ist ein Gesamtgefüge zu erkennen.

Wirkung

Das Zusammenwirken von natürlich Gewachsenem und konstruiertem Metall ist sehr spannungsvoll. Das Auge nimmt sowohl jede Komponente für sich wahr als auch deren ästhetische Verschmelzung. Transparenz und Leichtigkeit sind die Merkmale dieser Ausarbeitung.

Auch dünne Ranken von entlaubten Klettertrieben, wie von der Waldrebe oder der Gartenclematis, könnten das Blütenmiteinander umwinden und spielerisch die Konstruktion durchwirken. Damit ließe sich zusätzlich die Räumlichkeit dieser Gestaltung unterstreichen und hervorheben.

Hinweis

Reagenzgläser werden mit dünnen Flaschenbürsten gereinigt; sollten unschöne Kalkränder sichtbar werden, können sie mit Essig beseitigt werden.

Pflanzliche Steckhilfsmittel

In den vorausgegangenen Kapiteln wurde an vielen Beispielen gezeigt, wie Blumen auch ohne synthetische Steckmasse ideenreich gestaltet werden können. Für manchen Blumenfreund überwiegt vielleicht die Neugier am Ausprobieren neuer Befestigungstechniken, andere wollen sich aber bewusst ausschließlich dem Gestaltungsmittel Pflanze widmen.

Seit Anfang der 90er Jahre ist zu beobachten, dass in der Floristik zunehmend nach alternativen technischen Hilfsmitteln gesucht wird, die umweltverträglich sind und nach Gebrauch verrotten.

So bieten Pflanzenteile verschiedenster Art und Beschaffenheit Befestigungsmöglichkeiten zum Blumenstellen. Auch hier gilt: Technik kann gleichzeitig schön und funktional sein. Auch pflanzliche Steckhilfen müssen nicht abgedeckt und versteckt werden, sondern können Teil der Gestaltung sein.

Ohne eine Auseinandersetzung mit pflanzlichen Werkstoffen wären diese vielfältigen Überlegungen kaum denkbar. Wie ideenreich und unterschiedlich organische Hilfsmittel sich darstellen können, soll in den folgenden Gestaltungsbeispielen gezeigt werden.

Knöterich – ein besonderes Kraut

Reynoutria japonica, so lautet der botanische Name für eine Staude mit imposanten Stängeln. Stattlich gewachsene Pflanzen von nahezu zwei Metern Höhe und mehr weisen einen Stängeldurchmesser von mehreren Zentimetern auf. Es ist beachtlich, was die Natur in einer Vegetationsperiode heranwachsen lässt.

Wer diesen Knöterich erst einmal im Garten beherbergt, der wird ihn so schnell nicht wieder los. Aber er wächst auch wild an Böschungen, Wald- und Wegrändern. Nicht nur sein Längenwachstum ist beeindruckend, sondern auch seine Fähigkeit, sich auszubreiten.

Im Spätsommer kann die Ernte der ausgereiften Stängel beginnen. Aber auch in jedem früheren Stadium können einzelne Stiele geschnitten werden. Seine sattgrünen, eiförmigen, festen Blätter sind auf geschwungenen Stielen angeordnet. Auch in der Straußbinderei sind diese Zweige willkommen. Doch sei bemerkt: Die Blätter müssen bereits ausgereift, das heißt fest und fast ledrig strukturiert sein, da sie sonst welken.

Richtiges Ernten und Schneiden

Haben die Knöterichstängel die gewünschte Länge oder Stärke erreicht, werden sie am besten mit einer Rosenschere geschnitten. Die hohlen Stiele brechen dabei allerdings gern ein wenig, doch beim behutsamen Nachschneiden mit einem scharfen Messer können die Bruchstellen beseitigt werden. Dabei ist Vorsicht geboten, denn die Außenhaut reißt leicht ein und löst sich ab wie beim Rhabarber.

Hohle Stängel als Steckhilfe.
Ein harmonischer Anblick: Das helle und das dunkle Braun der Stängel wiederholen sich in der Farbe des Gefäßes.

Die Pflanze trocknet nach dem Schnitt ziemlich rasch ein. Dabei verdunstet Wasser, so dass die Pflanze schrumpft. Wird ein Gefäß ohne Wasser mit frischen Stängelabschnitten gefüllt, so müssen immer wieder Stängel ergänzt werden bis nach völligem Eintrocknen die Abschnitte dicht an dicht stehen.

Frisch geerntet sind die stattlichen Stangen kräftig dunkelgrün mit einem rötlichen Hauch; eingetrocknet dagegen haben sie unterschiedliche Brauntöne.

Die Stängel sind durch Nodien, knotenartige Verdickungen, in mehrere Abschnitte unterteilt. Diese Abschnitte zwischen den Nodien nennt man Internodien. Auch der Bambus und viele Gräser haben solche Knoten.

Die gedrungene Gestaltungsweise macht den Reiz dieser Blumen- und Stängel-Komposition aus.

Es ist wichtig, stets zwischen diesen Verdickungen, also im Bereich der Internodien, zu schneiden. Die Knoten dienen dann als Boden dieses natürlichen Gefäßes. In diesen Steckröhrchen lassen sich daher auch frische pflanzliche Werkstoffe anordnen, die Wasser brauchen.

So sind diese Knöterichstiele eine ideale Basis für Steckvariationen. Sie eignen sich besonders für zarte und dünnstielige Blumen.

Hohle Stängel als Steckhilfe

Flache Schalen lassen sich besonders gut mit Stängelröhrchen füllen. Mit einem Blumenschmuck darin sollte dieses Ensemble einen Platz erhalten, wo man es schräg von oben betrachten kann. So kommt es am eindrucksvollsten zur Geltung.

Viele pflanzliche Röhren mit unterschiedlichem Durchmesser und unregelmäßigen Höhen finden in dem Gefäß Platz. Es ist unglaublich, wie viele Meter dieses stattlichen Knöterichs zerlegt werden müssen, bis eine Füllung komplett ist. Sind die Stängel bereits getrocknet, muss mit Vorsicht gearbeitet werden. Zu eng angeordnet, brechen sie leicht in Längsrich-

tung und halten dann das Wasser nicht mehr.

Abschnitte ohne Nodien, also Röhren ohne Boden, beeinhalten nur das Wasser, das in die Schale gefüllt wird. Andere, die wie Reagenzgläser geschlossen sind, haben keinen Wasserzufluss von unten. Sie müssen separat gefüllt werden.

Wie kleine Vasenöffnungen, dicht an dicht geordnet, bietet eine jede nun Platz für die weitere Gestaltung.

Gefäß: Flache, braun glasierte Keramikschale mit 40 cm Durchmesser.

Steckhilfsmittel: Getrocknete Stängelabschnitte vom Knöterich.

Pflanzliches: Blüten von *Helenium* (höher wachsende Gartenstaude), Gazanie und *Bidens* (einjährige Beet- und Balkonpflanzen), Blätter vom Blutströpfchen (*Heuchera*, Gartenstaude).

Technische Hilfsmittel: Messer, Rosenschere.

Vorbereitung

- Alle frischen Pflanzenteile anschneiden und vor der Verarbeitung für mindestens eine Stunde ins Wasser stellen.
- Getrocknete Knöterichstiele mit der Rosenschere in Abschnitte schneiden, die mindestens so hoch sind wie die Gefäßwand; unterschiedliche Höhen der Röhrchen machen die Gestaltung interessant.
- Zuschnitte so in die Schale einfüllen, dass sie dicht aneinander stehen; für das Anordnen der Zuschnitte empfiehlt es sich, die Schale leicht schräg aufzustellen. Die Röhrchen können dann aneinander gelehnt werden, ohne dass sie zu den Seiten kippen.
- Wasser auffüllen.

Ausführung

So unregelmäßig wie die Verteilung der unterschiedlichen Knöterichstängel sollte auch die Blumenanordnung vorgenommen werden. Die Blumen werden so gesteckt, dass etwa zwei Drittel der Öffnungen sichtbar bleiben, weil sie einen Großteil der Gestaltung ausmachen.

Die Blumen finden in den einzelnen Röhrchen Halt. Weil nur wenige Blüten und Blätter verwendet werden, kann der Betrachter jedes der Gestaltungsmittel für sich wahrnehmen und dem Verlauf des zarten *Bidens*-Geranks folgen. Die Blätter kommen mit ihrer ganzen Fläche zur Geltung, ohne bedrängt zu werden.

Wirkung

Das spätsommerliche Farbenspiel vom Rostrot der *Helenium*-Blüten über das kräftige Orange-Gelb der Gazanien bis zum hellen Gelb der zarten *Bidens* zieht sich harmonisch über die Gefäßfüllung. Dunkelrote, fast schwarz angehauchte *Heuchera*-Blätter bilden Fixpunkte in der anmutigen Bewegtheit.

Wie Orgelpfeifen.
Aufrecht gestellte und flach gelegte Dahlienblüten verdeutlichen den Kontrast zwischen ruhender und aufstrebender Form.

Die statische Anordnung der Röhrchen wird munter belebt durch den Sommerflor, der sich harmonisch in dem durch die Schalenwand vorgegebenen Rahmen bewegt.

Rustikal und hölzern wirkt die Anordnung der Stängel in dem erdbraunen Tongefäß. Eine edle, kostbare Blüte würde mit ihrer Ausstrahlung diesem Arrangement nicht entsprechen. Bescheiden wirkende Gartenblumen passen mit ihren sattbraunen Mittelpunkten wie Deckel zu den Väschen.

Wie Orgelpfeifen

Die besondere Beschaffenheit der *Reynoutria*-Stengel lässt auch eine Verwendung ohne Gefäß zu. In der Verwendung den Reagenzgläsern gleich, sind Knöterichstiele in ihren Einsatzmöglichkeiten vielfach variabel.

Sie können mit Bast oder Draht zu mehreren als Bündel zusammengefasst oder einzeln verarbeitet werden. In dem folgenden Beispiel soll eine Reihung von Stängelröhrchen in eine stabile Position gebracht werden, so dass sie die Funktion von kleinen Vasen übernehmen.

Den pflanzlichen Vasen entsprechend wird dabei eine Kombination von Hilfsmitteln gewählt, die ein organisches Miteinander ergeben. Weidenreifen und mit Papier ummantelter Draht werden dieser Forderung gerecht. Anstelle des Drahtes kann auch angefeuchteter Naturbast verwendet werden, der sich eng anlegen lässt und gute Haltbarkeit garantiert.

Ein Weidenreifen von 1 cm Stärke wird zu einer Kreisform von 40 cm Durchmesser geschlossen.

Daran sollen *Reynoutria*-Stängel festgebunden werden. Der Durchmesser des Weidenreifens entspricht dem des Terracotta-Tellers, der zwei weitere Reifen gleicher Größe enthält.
Gefäß: Terracotta-Teller (Blumentopfuntersetzer) von 40 cm Durchmesser.
Steckhilfsmittel: Stängelabschnitte vom Knöterich.
Pflanzliches: Pompon- und Mignon-Dahlien.
Technische Hilfsmittel: Messer, Rosenschere, Kneifzange, papierummantelter Draht, 3 Weidenreifen.

Vorbereitung

- Alle frischen Pflanzenteile anschneiden und vor der Verarbeitung für mindestens eine Stunde ins Wasser stellen.
- Weidenreifen mit papierummanteltem Draht zu einem Ring von 40 cm Durchmesser zusammenbinden.
- Frische Knöterichstängel mit der Rosenschere in unterschiedlich lange Abschnitte (7–12 cm) zerlegen.
- Fixierung der Röhrchen am Reifen mit Hilfe des Drahtes (1 m papierummantelter Draht): den Drahtanfang zur Befestigung zwei- bis dreimal um den Reifen schlingen und dabei fest anziehen; nun mit einem kurzen, dünnen Röhrchen beginnen, das, wie alle nachfolgenden, innen an den Reifen gehalten und mit einer Drahtwicklung dort fixiert wird; der Draht läuft oben eimal über den Reifen, um das Röhrchen herum, anschließend zweimal neben dem Röhrchen wieder über den Reifen, um den nächsten Stängelabschnitt herum und so fort . . .; die Knöterichstiele, in Höhe und Durchmesser unterschiedlich, sollen etwa ein gutes Drittel der Rundung einnehmen.
- Den Reifen ungefähr halb auf den Teller legen, so dass die Knöterichstiele außerhalb des Tellers bleiben.
- Die beiden anderen Reifen leicht versetzt übereinander legen und an ihren Berührungspunkten mit Draht zusammenbinden; Reifen in den Teller legen und an den Schnittpunkten, die sich mit dem Reifen ergeben, der die Röhrchen trägt, ebenfalls fixieren.
- Röhrchen ausrichten, damit alle gleichmäßig auf der Stellfläche stehen.
- Schale und Röhrchen mit Wasser füllen.

Ausführung

In den wie Orgelpfeifen aufgereihten *Reynoutria*-Stängeln finden die rostorangefarbenen Pompon-Dahlien Platz. Sollten sie keinen guten Halt finden, wird ein beblätterter Dahlienstiel zugefügt, mit dem der Blütenstiel festgeklemmt wird. So dreht er sich nicht mehr aus der gewünschten Position.

Nicht so kompakt und exakt gerundet wie die Pompon-Dahlien zeigen sich die Mignon-Dahlien. Mit ihren Blütenblättern erinnern sie an Lotosblumen. Diesen Wasserschönheiten gleich, ordnen wir sie entsprechend auf der Tellerfläche an. Sie werden einfach in die Zwischenräume der

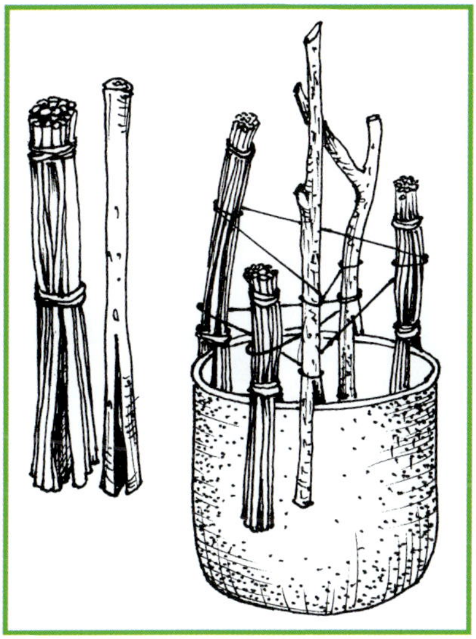

Halmbündel, Stängel- und Zweigstücke werden so vorbereitet, dass sie auf dem Rand des Gefäßes wie Klammern sitzen. Mit einem Faden entsteht ein Haltegitter, in das Blumen und Blätter locker eingeordnet werden können.

Weidenreifen eingehängt, so dass ihre kurzen Stiele im Wasser stehen.

Wirkung

Die Gestaltung besticht durch die sensible Farbauswahl der Gestaltungsmittel. Farbe und Form des dominanten Tellers aus rotgebranntem Ton finden in allen verwendeten Pflanzenteilen eine Erwiderung und Fortführung.

Unsere Augen können das Linienspiel der Reifen verfolgen und entdecken viele einzelne Schönheiten, die einander harmonisch ergänzen.

Die Wärme des Sommers ist spürbar; die offene, kaum verdeckte Wasserfläche vermittelt Erfrischung und wohltuende Atmosphäre.

Hinweis

Die Transportfähigkeit eines solchen Arrangements ist sehr eingeschränkt. Daher werden solche Gestaltungen auch kaum zum Kauf angeboten.

Bleibt der Blumenschmuck dort, wo er gefertigt wurde, sind individuelle Techniken mit reizvoller Wirkung möglich. Das ist der Vorteil beim Selbermachen.

Gespalten und aufgesteckt

Die einfache und vielseitige Verwendbarkeit von Knöterichstielen wurde bereits an den zwei vorausgegangenen Beispielen gezeigt. Eine weitere Möglichkeit soll nachfolgend erläutert werden.

Reynoutria gehört zu den Pflanzen, deren Stiele sich mit Hilfe eines scharfen Messers gut spalten lassen. Gerade wenn das Schnittgut noch frisch und fest ist, kann ein gespaltener Stängel wie eine Wäscheklammer verwendet werden.

So vorbereitet, sollen einzelne Abschnitte von Knöterichstängeln auf den Rand eines Glasgefäßes gesteckt werden, wo sie als Gestaltungs- und Hilfsmittel zur Wirkung kommen.

Man kann die *Reynoutria*-Stiele durch Gehölzzweige austauschen. Geeignet ist alles, was sich gut spalten lässt und nicht zu leicht bricht. Denk-

Ein Fadengitter gibt Halt.
Wie Wäscheklammern umgeben gespaltene Knöterichstängel die Gefäßöffnung; darüber gespannte Baumwollfäden lassen unregelmäßige Freiräume entstehen.

bar ist Weide, Holunder oder Flieder; auch Rosenstiele sind geeignet und sogar besonders hübsch, wenn sie mit Stacheln besetzt sind. Auch dicke Stängel von krautigen Pflanzen, wie Sonnenblumen, Wilde Möhre oder Bärenklau sind brauchbar. Selbst Grasstiele, die zu etwa 1 cm dicken und 10–20 cm langen Bündelchen zusammengefasst werden, sind gut einsetzbar.

Die gespaltenen Stiele oder die Bündelungen lassen sich auf den Gefäßrand stecken und mit Fäden über die Gefäßöffnung hinweg kreuz und quer so miteinander verbinden, dass ein Maschenwerk entsteht, das den Blumen als Haltegitter dient.

Die Zweigstücke oder Stiele werden mit einem scharfen Messer oder einer Rosenschere von unten längs eingeschnitten, so dass ein 4–6 cm langer Spalt entsteht, mit dem sie anschließend auf dem Gefäßrand gut festgeklemmt werden.

Wählt man kurze Bündelungen von Grashalmen, so wird die untere Bindung etwa in der Mitte der Halme angebracht, eine zweite fasst die Halme am oberen Ende zusammen, wodurch das Halmbündel ausreichend Festigkeit erlangt.

Zur Bindung nimmt man die gleichen Fäden, mit denen das Fadengitter erstellt wird, beispielsweise Naturbast, Perlgarn, Baumwollfäden oder dünnes Hanfgarn.

Ein Fadengitter gibt Halt

Gefäß: Viereckiges Glasgefäß.
Steckhilfsmittel: Baumwollfäden zu einem Maschengitter verknotet.
Pflanzliches: *Reynoutria*, blühende Gräser.
Floristisches Zubehör: Muschelschalen.
Technische Hilfsmittel: Rosenschere, Messer, hellgrüner Baumwollfaden.

Vorbereitung

- Gräser erst bei der Verarbeitung anschneiden; ein frischer Anschnitt vor dem Einstellen genügt.
- Einige Muschelschalen auf den Gefäßgrund legen.
- Knöterichstängel mit der Rosenschere in unterschiedlich lange Abschnitte schneiden (10–20 cm).
- Abschnitte von unten längs mit dem Messer oder der Schere einschneiden, dass ein 4–6 cm langer Spalt entsteht.
- Die gespaltenen Stängel wie Wäscheklammern auf den Gefäßrand stecken und dabei leicht in unterschiedlichen Winkeln neigen (wirkt nicht so starr).
- Baumwollfäden zu einem Haltegitter verknüpfen: den Faden (etwa 1 m lang) um ein Zweigstück schlingen und befestigen (Anfang); nun den Faden über die Gefäßöffnung hinweg zu einem anderen Stiel führen und daran verknoten; so weiter verfahren bis ein Fadengitter entstanden ist.
- An Überschneidungen die Fäden ebenfalls verknoten, so dass ein unregelmäßiges Maschenwerk entsteht.
- Wasser in das Gefäß füllen (für die Gräser genügt wenig Wasser).

Ausführung

In die Maschen des vorbereiteten Fadengitters werden langstielige blühende Gräser gestellt. Ihre Position kann ständig neu gewählt werden, da sie lediglich in den Maschen lehnen. Das kann zum spielerischen Experimentieren verleiten.

Lediglich ein dünner, beblätterter Trieb vom Knöterich, setzt einen grünen, flächigen Akzent in der filigranen und transparenten Gestaltung. Er belebt die steife Stängelkonstruktion.

Am Glasboden ruhen ein paar grünliche Muschelschalen. Eine geöffnete Muschel hängt im Netzwerk der Baumwollfäden. Es scheint, als habe sie sich verhakt auf dem Weg ins Gefäß.

> **Heracleum als Gestaltungsmittel**
> Pflanzenmaterial wie die Stängel der Herkulesstaude ist prädestiniert, sowohl stehend als auch liegend verarbeitet zu werden. Gewicht und Durchmesser lassen es zu, dass die kräftigen Stängelabschnitte ohne jede weitere Steckhilfe wie Säulen aufgestellt werden.
>
> Dünnere Rohre können mit Hilfe von Steinen oder Sand fixiert werden, je nachdem, was zur jeweiligen Gestaltung passt. Auch hier lassen sich Röhrchen zu Bündeln zusammenfassen und mit einer dekorativen Bindung versehen, möchte man sie als wasserhaltende Gefäße für andere Blumen nutzen.

Wirkung

Die Leichtigkeit der Gräser passt hervorragend zu der Transparenz des Gefäßes und des Fadengeflechtes.

Das Glas erscheint in seiner Form wie ein Aquarium, die aufgesetzten Knöterichstängel muten fast zinnenartig an. Sie umgeben das Gefäß, ohne es zu verdecken.

Nichts Schweres, Lastendes beeinträchtigt die leichte Gesamtwirkung. Keine massiven Stiele sollten die Durchsichtigkeit des Glaskörpers mindern. Die dünnen Halme der Gräser teilen durch ihre Ausrichtung den Gefäßraum grafisch.

Der Grünschimmer der Muschelschalen wiederholt sich in den *Reynoutria*-Blättern, den frischen Stängelteilen des Knöterichs sowie in den Grashalmen. Dieses raffinierte Arrangement ist ein Blickfang, der sanft und erfrischend wirkt. Es ist ohne weiteres einzeln oder zu mehreren als Dekoration auf einem Fischbuffet vorstellbar. Doch auch als einzelnes Schmuckstück wirkt es, in Ruhe betrachtet, frisch und erholsam.

Heracleum mit Stehvermögen

Respektable Schönheit

Die Herkulesstaude (*Heracleum stevenii*) kann bis zu drei Meter hoch werden und Stängel von beeindruckendem Umfang ausbilden. Als imposante Gewächse mit tellergroßen Blütenschirmen begegnen sie uns auf Waldlichtungen oder an Feldrändern, aber auch in den Garten kann sich ein solches Exemplar verirren, wenn Samen vom Wind angeweht werden.

Die Stängel der Herkulesstaude sind, wie beim Knöterich (*Reynoutria japonica*), in Nodien und Internodien unterteilt, also in knotenartig verdickte Blattansätze, zwischen denen die hohlen Stängel wachsen. Sie lassen sich daher in gleicher Weise wie Knöterich verwenden.

Steckröhren für Pflanzenteile. Heracleum stevenii – der Bärenklau – ist prädestiniert für paralleles Gestalten; Gewicht und Durchmesser ermöglichen auch freien Stand.

Das Zerschneiden der Rohre, so darf man die Stängel der Staude getrost bezeichnen, ist mit einer Schere kaum möglich. Eine große Astschere oder eine kleine Bügelsäge sind die geeigneten Helfer. Durch ihre Dickwandigkeit bleiben die Stängelteile recht lange frisch und trocknen nur allmählich ein. Doch auch dann sind sie noch von äußerst dekorativ.

Da die Internodien auch Wasser halten können, lassen sich die Steckrohre gestalterisch vielfältig nutzen.

Steckrohre für Pflanzenteile

Artverwandte Pflanzen sind eine harmonische Ergänzung zu den Stängeln der Herkulesstaude. An Weg- und Wiesenrändern wachsender Giersch ist in seiner Erscheinung der Herkulesstaude ähnlich, jedoch wesentlich kleiner. Auch Giersch hat hohle Stängel, die aufgrund ihrer Festigkeit ebenfalls gut gestellt werden können. Weil diese jedoch weitaus dünner sind als die der *Heracleum*-Staude, sollten wir sie als Bündel zusammengefasst verarbeiten.

Schalen mit großem Durchmesser kann man gestalterisch gliedern (siehe Seite 79). Beim Zusammenbinden der *Heracleum*-Rohre mit Kokosstrick wird das Gefäß mit einbezogen und regelrecht verschnürt. Die Pflanzenrohre lehnen jetzt nicht nur in den Maschen, sondern sie sind in ein Gesamtgefüge eingebunden.

Gefäß: Rustikale Keramikschale mit 60 cm Durchmesser.
Steckhilfsmittel: Stängel der Herkulesstaude, als wasserhaltende Rohre genutzt.
Pflanzliches: Wildwachsender Giersch vom Weg- oder Wiesenrand.
Technische Hilfsmittel, Zubehör: Kleine Bügelsäge, Rosenschere, Messer, Kokosstrick, Steine.

Vorbereitung

- Alle frischen Pflanzenteile anschneiden und vor der Verarbeitung für mindestens eine Stunde ins Wasser stellen.
- Schale mit Kokosstrick einschnüren; dafür 2 m langen Kokosstrick über die Schale legen und verknoten; mehrmaliges Hin- und Herführen des Strickes mit zusätzlichen Verknotungen lässt ein derbes Gefüge in der Art eines unregelmäßigen Maschenwerkes entstehen; unter dem Schalenboden müssen die Überkreuzungen des Stricks gleichmäßig verteilt sein, um die Standfestigkeit der Schale zu garantieren.
- *Heracleum*-Stiele in die gewünschten Abschnitte zerlegen (Handschuhe benutzen). Mit Hilfe der Bügelsäge ist es einfach, die gewaltigen Rohre zu zerteilen, dünnere Partien lassen sich mit der Rosenschere schneiden; alle Stellflächen müssen glatt und eben sein, damit die Rohre sicher stehen.
- Mehrere dünne Stängelteile mit Kokosstrick zusammenbinden.
- Steine in die Schale legen, damit sie den Rohren zusätzlichen Halt bieten können; die Steine können auch so unter die Kokokstricke geschoben

Zwischen ein Gerüst aus fest verbundenen Stäben (links) oder Zweigen (rechts) können Schnittblumen und Ranken gestellt werden. Diese Stützsysteme haben auch zusammen mit Blumen gestalterische Wirkung.

werden, dass eine festere Spannung der Verschnürungen entsteht.

- Wasser in die Schale füllen.

Ausführung

Die vorbereiteten Rohre werden in die Schale gestellt. Auch sie müssen mit Wasser aufgefüllt werden für den Giersch, der dort hineingesteckt wird. Zwischen die Steine können dünnere Gierschstiele geklemmt werden, die zuvor zu kleinen Bündeln zusammengefasst werden.

Der Giersch mit seinen dem Dill ähnlichen Blütenständen wird unterschiedlich lang in die Pflanzenrohre gestellt. Seine Standfestigkeit kann zusätzlich

Ein Zweiggerüst für flache Schalen.
Zwischen die Überkreuzungen der Zweige, die mit Naturbast zusammengebunden werden, lassen sich Blumen stecken.

gesichert werden, indem jeweils ein Blattstiel hinzugefügt wird. Doch der lockere Aufbau des Giersches erlaubt durchaus eine gewisse Beweglichkeit.

Verblüht der Giersch, kann man alle Pflanzenteile eintrocknen lassen, ohne dass die Gestaltung an Ausstrahlung und Reiz verliert.

Wirkung

Als rustikal und derb lässt sich die Ausstrahlung dieser Arbeit beschreiben. Wegen der zurückhaltenden Farbigkeit, die auf blasses Grün und verschiedene Brauntöne beschränkt ist, kann man fast von einem morbiden Stilleben sprechen.

Die Rohre, deren statische Wirkung durch das Knüpfwerk von Kokosstrick unterstützt wird, werden belebt durch den sich darüber ausbreitenden Giersch mit seinen fein gegliederten Blütenschirmen.

Spätherbstliche Atmosphäre ist spürbar, nicht zuletzt auch durch das zusammengetragene Laub, in dem nur noch wenige grünliche Blätter zu finden sind. Der Jahreskreislauf schließt sich allmählich, eine Besinnung zum Thema »Herbst« kann in einer gestalterischen Auseinanderset-

zung, wie hier dargestellt, zum Ausdruck gebracht werden.

Hinweis

Heracleum ist eine nicht ungefährliche Pflanze. Sie darf niemals bei Sonnenschein geschnitten werden, da durch die Sonnenenergie Stoffe in der Pflanze wirksam werden, die sie bei Berührung über ihre Behaarung absondert. Auf der Haut führt das zu Verbrennungen zweiten Grades.

Nur in den frühen, kühlen Morgen- und späten Abendstunden sollte man daher die Stängel schneiden und auch dann nur mit Handschuhen. Gerade auch für Kinder stellt die Pflanze eine große Gefahr dar und sollte aus diesem Grund unbedingt aus dem Garten verbannt werden.

Gerüst für Topfpflanzen

Zu einer Steckhilfe zusammengebundene Zweige können bei einer Topfpflanze in dekorative Dienste treten. Steht die Pflanze in einem Übertopf, so kann der Raum zwischen den beiden Töpfen mit Sand oder Moos ausgefüllt werden. Schon ist eine brauchbare Steckbasis entstanden, in der die Zweige Halt finden. Sie können mit Bast oder Faden zu einem Gerüst zusammengebunden werden. Denkbar ist auch, die Zweige am Blumentopf festzubinden und diesen Gesamtkomplex in den Übertopf zu stellen. Den Raum zwischen den Töpfen kann man schön mit Moos, Sand oder Kieselsteinen gestalten.

Grafische Wirkung bei Pflanzen

Grafische Linienführungen zu erkennen, ist eine Voraussetzung beim Zeichnen von Pflanzen. Vielfach wird erst durch die Vereinzelung und das Herauslösen von Details aus einer Gesamterscheinung die jeweils pflanzeneigene Wuchsform in ihrer grafischen Wirkung deutlich.

Linienführung und Wuchsrichtung geben vor, wie ein Gestaltungselement verarbeitet werden sollte. So braucht zum Beispiel ein lang aufstrebender Pflanzenstiel über sich Freiraum, damit er in seinem freien Verlauf nicht gebremst wird.

Spannungsreich wird eine Gestaltung, wenn darin gegensätzliche Pole vereint sind (siehe Seite 83). Aufstrebende Linien sollten mit runden, lagernden Formen, wie viele Blüten sie haben, kombiniert werden. Dadurch entsteht ein lebhaftes Miteinander von Formen und Linien, von Statik und Dynamik.

Linienführungen müssen nicht streng sein. Auch verspielte Formen oder verdichteter Wuchs haben grafische Wirkung.

Ein stützendes Zweiggerüst

Langstielige Schnittblumen, vor allem solche mit schweren Blütenköpfen, erscheinen manchmal fast hilflos in ihrem Gefäß.

Denken wir nur einmal an die majestätische Amaryllis mit ihren großen beeindruckenden Blütentrichtern, die zudem noch auf einem hohen, kahlen Schaft steht. Für sie würde eine begleitende Unterstützung aus Zweigen sicherlich eine Bereicherung sein.

Steckhilfe für Schnittblumen

In Gefäße mit Trichter- oder Zylinderform können frei geformte Hilfskonstruktionen aus Zweigen oder Stäben gut eingepasst werden. Bei Glas besitzt ein solches Gerüst zusätzlichen Gestaltungswert, weil die Zweige auch innerhalb des Gefäßes sichtbar sind.

Im Frühjahr ist es reizvoll, die Hilfskonstruktion aus knospigen Zweigen zu arbeiten, da sie bei Zimmerwärme im Wasser zu treiben beginnen. Leicht verästelt sollten sie sein, damit das Gerüst nicht künstlich wirkt. Eine Zweiglänge von 60 cm oder mehr, je nach Vasenhöhe, ist für eine wirkungsvolle Konstruktion erforderlich.

Mit Naturbast oder bunten Baumwollfäden werden die Zweige oder Stäbe miteinander verbunden, bis sie ein stabiles Gerüst ergeben. Nun hängt es von den persönlichen Vorlieben ab, welche Blumen darin arrangiert werden.

Besonders geeignet sind Blüten auf einem nackten, langen Stiel oder Schaft, zum Beispiel bei *Eucharis*, *Nerine*, *Gerbera*, *Vallota*, Freesien, Amaryllis oder *Calla*. Aber auch Tulpen, Ixien, Iris und Lilien kann eine solche Konstruktion als Stütze dienen.

Zweiggerüst für flache Schalen

Betrachten wir einen Zweig, nehmen wir zunächst seine Wuchsform wahr, dazu weiter die Rindenfärbung und möglicherweise eine interssante Oberflächenbeschaffenheit.

Beim rotholzigen Hartriegel (*Cornus alba*) sind es Farbe und Wuchs, die den Reiz des Gehölzes ausmachen. Elegant zeigt sich jeder einzelne Zweig. Seine glatte Oberfläche wirkt fast wie von dunkelrotem Leder überzogen. Dieser besondere Reiz des Holzes wird im zeitigen Frühjahr vom weißgrünen Blattaustrieb überdeckt bis zum Blattfall im Herbst.

Zum Zeitpunkt des Blattaustriebs wurde das folgende Werkstück angefertigt, das die grafische Wirkung der Zweige in besonderer Weise zum Ausdruck bringt.

Dass Pflanzen ihrem Wuchs gemäß verarbeitet werden sollen, ist bekannt. Schneiden wir Zweige aus den seitlichen Partien eines Gehölzes, so erkennen wir, dass sie waagrecht gewachsen sind. In dieser Haltung sollen sie daher auch in der Gestaltung zur Wirkung kommen.

Für flächige Anordnungen von Zweigen bietet sich die Verwendung eines flachen Gefäßes an. Eine große Schale, Platte oder ein Teller sind ideale Behältnisse für eine horizontale Anordnung. Dann benötigen die Zweige keine Steckhilfe. Sie liegen ineinander verschränkt und werden an Berührungspunkten mit Bast oder Fäden fixiert, so dass sie ein Gefüge bilden, in dem Pflanzenteile Halt finden.

Gefäß: Schwarze, flache Keramikschale in Rechteckform (30 x 40 cm).
Steckhilfsmittel: Rote Hartriegelzweige, ineinander verschränkt und zusammengebunden.
Pflanzliches: Violette und weiße Stiefmütterchen.
Technische Hilfsmittel: Messer, Bandschere, Naturbast oder Baumwollfäden.

Vorbereitung

- Alle frischen Pflanzenteile anschneiden und vor der Verarbeitung für mindestens eine Stunde ins Wasser stellen.
- Zweige entgegengesetzt so auf die Schale legen, dass von der Steckmitte aus beide Seiten der Schale optisch im Gleichgewicht stehen; Zweige ineinander verschränken.
- Die Zweiganordnungen an wichtigen Überschneidungspunkten mit Bast oder Garn fixieren, so dass ein Gesamtgefüge entsteht, das auch transportabel ist.
- Zweige schräg so anschneiden, dass ihre Schnittflächen auf dem Schalenboden aufliegen.
- Wasser in die Schale füllen.

Ausführung

Das tiefrote Zweiggefüge ruht auf der dunklen Schalenfläche. Einzelne Bindestellen verleihen ihm Stabilität und ausgewogene Balance.

In den kleinen Zwischenräumen des Zweiggitters können kurzstielige Blumen angeordnet werden. Zu dem zarten Linienspiel des Hartriegels passen

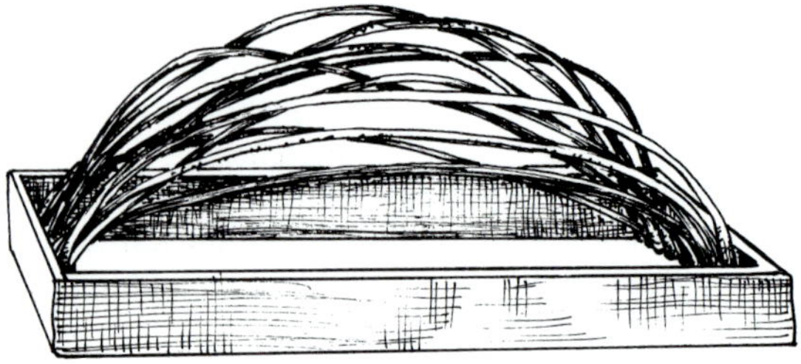

Diese bogig gespannten Ruten in der rechteckigen Schale können als Steckhilfe genutzt werden. Sie wirken aber auch ohne weitere Gestaltung als reizvolles florales Objekt.

keine massigen, schweren Blüten, sondern eher leichte Ergänzungen, wie Stiefmütterchen. Sie blühen, wenn der *Cornus* austreibt, so dass hier eine Pflanzengemeinschaft nachempfunden wird, wie sie im Garten vorkommen kann.

Einzeln oder mit Bast zu kleinen Tuffs gebunden, erhalten die Stiefmütterchen in dem Zweiggerüst ihren Platz. Vereinzelt schwimmen Blüten auf dem Wasser, was die Leichtigkeit der Stiefmütterchen besonders hervorhebt.

Wirkung

Die Stiefmütterchenblüten beleben im Zentrum der Gestaltung den grafischen Verlauf der Hartriegelzweige. In ihrer unaufdringlichen Erscheinung verdecken sie nicht die Linienführung der Zweige, sondern fügen sich ein in ein dynamisches Gesamtbild.

Unsere Augen können dem Linienspiel der Zweige folgen oder in der Mitte des Arrangements auf den kleinen Blüten verweilen. Die schlichte Gestaltung verbreitet Ruhe und Gelassenheit, was durch die Farbauswahl unterstrichen wird.

Das Violett der Stiefmütterchen ist eine hübsche farbliche Ergänzung zu den rotgerindeten Zweigen; die weißen Stiefmütterchen korrespondieren mit den weißgerandeten Blättern des *Cornus*. Das reine Weiß passt zu den zarten, gerade sich entfaltenden Blättern.

Hinweis

Kurzstielige Blumen, die zudem oft sehr zierlich sind, lassen sich zu kleinen Sträußchen (Blumentuffs) zusammenfassen und mit Bast zu einer Einheit binden. So sind sie einfacher zu arrangieren und sind wirkungsvoller.

Zweige unter Spannung – eine geniale Klemmtechnik

Frische Zweige lassen sich leicht biegen. Besonders geeignet sind lange, gerade gewachsene Ruten weichholziger Arten. Die Weide zählt zu den beliebtesten Gehölzen, aber auch Haselnuß, Kirsche, Apfel, Forsythie oder Holunder lassen sich biegen und in Gefäße spannen, um so als Steckhilfsmittel zu dienen.

Für strenge Anordnungen werden ausschließlich Triebe verwendet, die nicht verzweigt sind. Die Verzweigungen müßten sonst entfernt werden, wodurch Wunden am Holz entstehen. Diese wirken in der Gestaltung unsauber und störend.

Sollten sich Wunden dennoch nicht vermeiden lassen, werden sie mit einem farblich passenden Filzstift oder durch Auftragen von feuchter Erde dunkel gefärbt, wodurch sie unauffällig werden.

Für eine exakte Arbeit ist es schöner, wenn alle Ruten die gleiche Stärke haben.

In flache Schalen mit geradem, niedrigem Rand lassen sich die Ruten ideal einspannen.

Sorgfalt ist geboten

Je nachdem wie hoch die Wölbung der eingeklemmten Ruten ausfallen soll, werden sie auf die passende Länge zurecht geschnitten. Drei Probezuschnitte ermöglichen rasch einen Überblick. Einige Zentimeter mehr als der zu überspannende Schalenbereich ist das Mindestmaß.

Der Schnitt muss gerade und sauber sein, damit die Schnittfläche glatt auf dem Gefäßboden aufliegt. Man beginnt mit dem Einpassen der Ruten am hinteren Schalenrand, so dass man zu sich hin arbeitet. Wird die Arbeit ab und zu in Augenhöhe betrachtet, lassen sich Unregelmäßigkeiten rasch erkennen und korrigieren.

So ebenmäßig wie die Ruten sind, so exakt sollten sie auch gespannt werden. Die Sorgfalt, die beim Arbeiten getroffen wird, spiegelt sich im Ergebnis wider.

Objekthafte Wirkung

Zwar als Steckhilfe gedacht, sind die eingespannten Ruten doch mehr als eine technische Vorleistung. Sie erheben fast den Anspruch des Objekthaften. Die klaren Linien der eingeklemmten Bögen wirken sehr ästhetisch.

Auch die Rindenfärbung und die Beschaffenheit der Zweige und deren Oberflächenstrukturen sind von hohem gestalterischen Wert.

Gestaltung mit Blumen

Eine Konstruktion von so hohem handwerklichen Niveau bedarf einer sehr sensiblen Weiterverarbeitung.

Das symmetrische Gebilde kann schon durch wenige Akzente belebt werden. Die Blumen sollen sich dabei anschmiegen, nicht emporrichten, was die ruhige und harmonische Ausstrahlung stören würde. Der abwärts gerichtete Schwung der Ruten sollte von den Blumen begleitet werden.

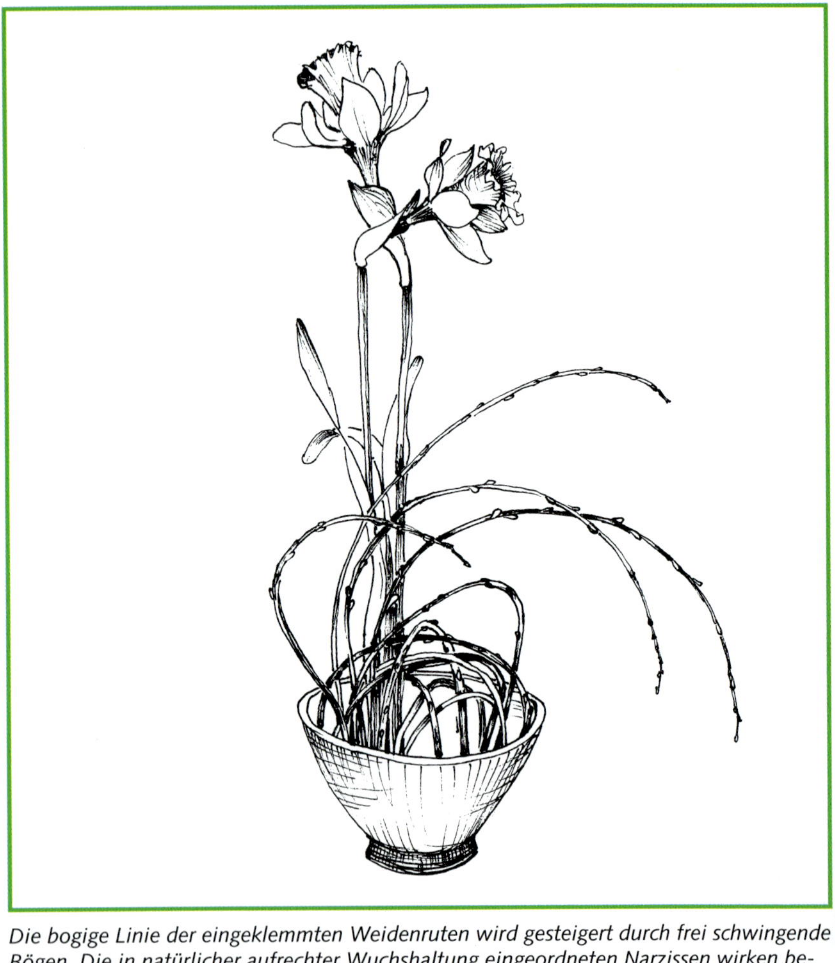

Die bogige Linie der eingeklemmten Weidenruten wird gesteigert durch frei schwingende Bögen. Die in natürlicher aufrechter Wuchshaltung eingeordneten Narzissen wirken besonders reizvoll durch den Kontrast der Bewegungsrichtungen.

Das geht zum Beispiel mit Blüten von *Anthurium* oder *Phalaenopsis*. Beide haben häufig einen gebogenen Blütenstiel. Sie sind aufgrund ihrer Wuchsform und ihrer besonderen Erscheinung stilvolle Begleiter. Wichtig ist, dass die Rutenkonstruktion nicht an Eigenwirkung verliert, sondern dass ihrem Geltungsanspruch Raum gelassen wird.

Trockene Blütenstände als Steckhilfe.
Trockene Blütenstände der Hortensie sind als alternatives Steckhilfsmittel bewährt.

Narzissen zwischen Weidenruten

Narzissen läuten den Frühling ein. Vorgetrieben als Topfpflanze oder als Schnittblume sind sie schon zur Weihnachtszeit erhältlich. So mancher Pflanzenliebhaber bringt jedoch Geduld auf und wartet bis zum Frühling auf die ersehnten Boten des neu aufbrechenden Lebens im Pflanzenreich.

Zu diesem Zeitpunkt haben die Weiden ihre Kätzchen noch nicht enthüllt. Verhalten warten sie wie silberne Perlen unter ihren braunen spröden Deckelchen.

Weidenzweige zeichnen sich durch besondere Elastizität aus. Sie lassen sich einfach biegen, ohne zu brechen und geschmeidig in Gefäße einpassen. Je höher dabei der Rand eines Gefäßes ist, desto einfacher ist es, Zweige darin zu verankern, die als Steckhilfe Stabilität gewähren.

Die langstieligen Narzissen finden bequem festen Halt zwischen den gebogenen Weiden. Als Schnittblume oder als Pflanze mit ausgewaschener Zwiebel können sie verwendet werden. Dann braucht es auch kein Arm voll zu sein, sondern kostbare zwei, drei Stiele genügen bereits. Ihre Anmut als Einzelblüten kann man umso mehr genießen.

Mit Zwiebel leben Blumen länger

Wird die Zwiebel belassen, verlängert sich die Lebensdauer der Blume um viele Tage.

Zu diesem Zweck topft man die Narzisse aus, schüttelt vorsichtig die lose Erde ab und wäscht die noch vorhandene, zwischen den Wurzeln haftende Erde in einem Gefäß mit Wasser aus. Die fleischigen, weißen Wurzeln hängen wie gläserne Bärte am Zwiebelboden.

So präpariert, lässt sich eine Narzisse gut verarbeiten. Das Gefäß sollte nur wenig Wasser enthalten, in das die Zwiebel lediglich mit ihren Wurzeln und dem darüberliegenden Wurzelboden taucht, um Fäulnis zu vermeiden.

Mit wenigen Steinen wird die Zwiebel zusätzlich in eine feste Position gebracht, obwohl die Zweige dafür meist ausreichen. So lässt sich mit nur wenigen Blüten ein stimmungsvoller Frühlingsgruß gestalten, der von bescheidener, aber reizvoller Ausstrahlung ist.

Trockene Blütenstände als Steckhilfe

Viele Frühlingsblüher haben sehr zarte, dünne Stiele. Für eine Verarbeitung in Steckmasse sind sie nicht geeignet. Deshalb sind derartige, bescheidene Gartenblumen eher als Sträußchen auf dem Kaffeetisch zu finden.

Sollen Schneeglöckchen, Leberblümchen oder Tausendschön, Primeln, *Saxifraga* oder Männertreu dennoch gesteckt werden, bedarf es einer technischen Hilfe.

Die Blütenstände der Kletterhortensie bieten sich hier an. Sie zeichnen sich durch ihre filigrane Erscheinung aus. So spröde die holzigen Stiele auch aussehen mögen, an denen sich die Blütenschirmchen präsentieren, ihr Wuchs ist einzigartig (siehe Seite 89).

Erst im späten Frühjahr, wenn die neuen Knospen aufbrechen, trennen sich die alten Blütenstände von der Pflanze. Doch auch dann haften ihnen noch immer die wenigen Scheinblüten an. Skelettartig erscheinen diese eingetrockneten Überbleibsel, deren Blütenaufbau einem filigranen Gitter gleichkommt, das sich hervorragend als Steckhilfsmittel für zierliche Blüten verwenden lässt.

Gefäß: Hohe Keramikschale mit weiter Öffnung (Back- oder Salatschüssel, auch aus Glas).
Steckhilfsmittel: Getrocknete Blütenstände der Kletterhortensie.
Pflanzliches: Weiße und rote *Saxifraga*-Blüten, Männertreu.
Technisches Hilfsmittel: Messer.

Tannenreisig.
Rauh, spröde und bizarr zeigt sich das trockene tote Reisig. Christrosen, als Winterkostbarkeiten, entfalten ihre besondere Anmut.

Vorbereitung

- Alle frischen Pflanzenteile anschneiden und vor der Verarbeitung für mindestens eine Stunde ins Wasser stellen.
- Getrocknete Blütenstände von fäulniserregenden Pflanzenteilen (altes Laub, verdorrte Pflanzenreste) befreien.
- Hortensienstiele so kürzen, dass die Blütenschirme die halbe Schalenhöhe einnehmen.
- Wasser bis unterhalb der Blütenschirme einfüllen.

Ausführung

Die Polsterblümchen vorsichtig durch die Verästelungen führen, wo sie mit ihren Blütenköpfen aufliegen. Ihre Stiele hängen im Wasser. Sie rutschen nicht durch das zarte, trockene Gewirr und blitzen munter mit ihren kleinen Blütengesichtern.

Selbst wenn die spröden Blütenschirme durch das Wasser weich werden sollten, bleiben Form und Haltevermögen gewahrt.

Da die zierlichen Blüten lediglich eingehängt sind, lassen sie sich leicht austauschen, sobald sie verblüht sind. Ein derartiges Arrangement ist schnell gefertigt und kann variabel ausgestaltet werden.

Noch grüne Holunderfruchtstände können in gleicher Weise als Steckhilfsmittel genutzt werden. Im Spätsommer kann auch der imposante Fruchtstand einer Herkulesstaude in ein passendes Gefäß gelegt werden. Gleichzeitig blühende Gartenblumen bieten sich als Ergänzung an.

Wirkung

Als bescheiden und besinnlich, aber froh in der Ausstrahlung lässt sich diese florale Gefäßfüllung beschreiben. Wie ein tänzelnder Blütenreigen formiert sich das kleine Stilleben, das im Wesen herzerfrischend einfach ist.

Hinweis

Gestaltungen, die in ein undurchsichtiges Gefäß arrangiert werden und nicht über den Gefäßrand hinausragen, müssen so niedrig stehen, dass der Betrachter von oben Einblick in das Gefäß hat.

Tannenreisig

Nacktes Tannenreisig fühlt sich starr und rauh an. Der Zweigaufbau wirkt brüchig und bizarr. Die unzähligen kleinen Erhebungen, an denen einst die Nadeln hafteten, wirken dekorativ.

Durch die rauhe Oberflächenstruktur lassen sich die Zweige gut anhäufeln, zarte Blüten finden leicht Halt darin. Schon zwei Zweigspitzen verhaken sich miteinander und lassen sich gegenseitig aufrichten. Durch das Anhäufeln mehrerer solcher Zweige entstehen Hohlräume und Nischen, die für eine Gestaltung mit Blumen genutzt werden können (s. Seite 91).

Ob auf flachen Schalen oder in Gefäßen mit höherem Rand – die natürliche Beschaffenheit der Reiser ist in jedem Fall von hohem gestalterischem Reiz. Daher werden sie, auch wenn sie als technisches Hilfsmittel dienen, als Gestaltungselement mit eingesetzt. Diesen Vorteil bieten alle pflanzlichen Steckhilfen gegenüber der synthetischen Steckmasse.

Welche Blumen können in diesen feinen Verästelungen Halt finden?

Es sollten keine Sommerblumen sein, die oft zu kräftige Farben haben und zu aktiv für die verhaltene Ausstrahlung des Reisigs wirken. Außerdem erinnern die spröden, abgenadelten Zweige eher an den Winter als an den Sommer.

Haltendes Blattwerk.
Die tänzelnden Bewegungen zarter Sommerblumen beleben ein geordnetes Blattgefüge. Geknickte Reynoutria-Triebe agieren als formaler Kontrast.

Blätter in dichtem Nebeneinander

Flache, nicht zu große Schalen können Blatt an Blatt gefüllt werden und stellen so eine reizvolle Ausgangsbasis für eine eher ungewöhnliche Steckarbeit dar. Feste, ausgereifte Blätter sind für eine solche Verarbeitung geeignet.

Der Garten bietet eine Vielzahl an brauchbarem Blattwerk: Kirschlorbeer, *Rhododendron*, *Aucuba*, Flieder, Hortensien und Knöterich (*Reynoutria*) sind gute Lieferanten. Die Blätter dieser Pflanzen sind ganzrandig, haben also einen geschlossenen Umriss und sitzen an kurzen Stielen. Sie sind äußerst fest und sehr haltbar.

Die Christrose ist eine besondere Kostbarkeit des Winters. Ihr bescheidenes Wesen besitzt soviel Anmut und Ausstrahlung, dass ihr stets eine Sonderstellung eingeräumt werden sollte. Sie vermag sich in einer solch spartanischen Umgebung hervorzuheben und ihre Grazie zu zeigen.
Gefäß: Flache, rechteckige Keramikschale (30 x 40 cm).
Steckhilfsmittel: Tannenreisig, (Zweiglänge 20–30 cm).
Pflanzliches: Christrosen.
Technisches Hilfsmittel: Messer.

Vorbereitung

- Alle frischen Pflanzenteile anschneiden und vor der Verarbeitung für mindestens eine Stunde ins Wasser stellen.
- Tannenreisig auf dem Arbeitstisch so ineinanderfügen, dass ein räumliches Gefüge in der Größe der Schalenfläche entsteht.
- Tannenreisig auf die Schale legen.
- Wasser in die Schale füllen.

Ausführung

Alle Christrosen erhalten einen langen, schrägen Anschnitt, mit dem sie auf dem Gefäßboden aufliegen und so das Wasser aufnehmen können.

Die Stiele werden gegenläufig eingesteckt, entsprechend den ineinander verästelten Reisern. Durch dieses entgegengesetzte Ausrichten der Blüten entsteht eine andere Lebendigkeit, als bei der Anordnung der Stiele in einer Richtung.

Wirkung

Ein passendes Umfeld vermag Stimmungen zu vermitteln, wie hier das Reisig unter den Blüten. Es obliegt unserer Überlegung und Entscheidung, was wir zusammenfügen und wie wir es gelten lassen.

Die winterliche Stimmung kommt sicher durch die Schneerosen zum Ausdruck, doch auch die entnadelten Zweige sind Zeugen der kalten Jahreszeit. Draußen entbehrt die Natur aller kräftigen Farben, insbesondere des Grüns; das Reisig transportiert die winterliche Kargheit in unseren Wohnraum, die Christrosen vermitteln Trost und Zuversicht.

Hinweis

Bei besonders flachen Gefäßen ist es wichtig, daß der Wasserstand nicht absinkt. Daher ist auch bei dieser Gestaltung eine ständige Kontrolle nötig, zumal eine große Verdunstungsfläche vorhanden ist.

Haltendes Blattwerk

Die Blätter einer Pflanze haben viele wichtige Funktionen wahrzunehmen. So sind sie nicht nur physiologisch von Bedeutung, sondern sie verleihen einer Pflanze auch ihre konkrete Gestalt. Blätter sind auch Schmuckwerk und können als solches in einem Blumenarrangement – nicht nur ergänzend – eingesetzt werden. »Blätter pur«, so ließe sich die folgende Steckarbeit bezeichnen, weil hier die Blätter das Ergebnis der Gestaltung bestimmen (siehe Foto Seite 92/93).

Für diese Arbeit werden die sattgrünen Blätter des bereits vorgestellten Knöterichs gewählt (siehe Seite 69). Mehrere Zweige müssen entlaubt werden, damit die Blätter, senkrecht neben- und hintereinander gestellt, die niedrige Steckschale dicht ausfüllen.

Mit einer scharfen Rosenschere werden sie vom kurzen Blattstiel abgeschnitten. Sie bedürfen keines weiteren Anschnittes und können direkt in dem mit Wasser gefüllten Gefäß angeordnet werden. Zwischen den Blättern finden anschließend entlaubte Triebspitzen des Knöterichs und Elfenblumen Halt.

Gefäß: Dreieckige Steckschale mit unterschiedlich hohem Rand.
Steckhilfsmittel: Blätter vom Knöterich (*Reynoutria japonica*).
Pflanzliches: Entblätterte Triebspitzen vom Knöterich, Blütenstiele der Elfenblume (Balkonpflanze).
Technische Hilfsmittel: Messer, Rosenschere.

Vorbereitung

- Lediglich die zarten Blütenstiele der Elfenblume anschneiden und vor der Verarbeitung einige Zeit ins Wasser stellen.
- Die Knöterichblätter nach Größe geordnet schichten, zusammennehmen und in das Gefäß füllen; besser anordnen lassen sich die Blätter, wenn man sie ineinanderschiebt, weil sie dann nicht so leicht umkippen; die größeren Blätter gehören in den Bereich des Gefäßes, wo der Rand am höchsten ist.
- Wasser einfüllen; dabei die unterschiedliche Randhöhe des Gefäßes beachten.

Ausführung

In das dichte Blättergefüge werden dünne Sprosse des entblätterten Knöterichs gesteckt. Lediglich einer der Knöterichtriebe bleibt von zwei kleinen Blättern geziert. Die Sprosse werden geknickt und einer Spitze des dreieckigen Gefäßes zugeneigt, wodurch sie dessen geometrische Form aufnehmen und unterstreichen.

Nur zwei einzelne Stiele der bezaubernden Elfenblume lassen wir noch mit ihrer Leichtigkeit über die statische Anordnung tänzeln. Bei der Auswahl der Pflanzenteile, die ein solch strenges Gefüge begleiten sollen, muss man mit Überlegung vorgehen.

Nichts soll verdeckt oder gestört werden, was sich in strenger Ordnung dem Betrachter zeigt. Aber ein Akzent kann gesetzt werden. So können anstelle der Elfenblumen wenige, markant gefärbte Blätter eingefügt werden, wie die vom dunkelroten Perückenstrauch oder der Blutpflaume, was von beachtlicher Wirkung ist. Auch eine einzelne eingesteckte Blüte, etwa eine rote Rose, besitzt besondere Ausdruckskraft.

Weitere interessante Schichtmaterialien für Gefäße, die gleichfalls als Steckhilfe dienen, sind Zweigstückchen, Borke, Stroh oder Halmbündelungen.

Wirkung

Wie ein in sich ruhendes Gefüge erscheint die grüne Blattfüllung in der strengen Gefäßform. Markant stechen die hellgefärbten Blattränder hervor und zeigen sich dem Betrachter wie scharfe Grenzlinien. Nur wenige Pflanzenteile wagen es, diese geregelte Ordnung zu übertreten.

Die eingefügten Knöterichtriebe sowie die tänzelnden Stiele der Elfenblume nehmen der Gestaltung die Strenge, indem sie mit ihren geknickten und gebogenen Stielen den abgegrenzten Raum umspielen und auf diese Weise beleben.

Zusammenhalt in Efeuranken.
Efeuranken umschlingen aneinandergereihte Gefäße und schaffen eine optische Verbindung.

Hinweis

Werden Sprosse geknickt, sind die Leitungsbahnen in den Geweben unterbrochen, und eine Wasserzufuhr findet kaum noch statt. Da an entblätterten Sprossen aber kein Blatt welken kann, wird eine Schädigung kaum sichtbar, so dass die Ästhetik nicht beeinträchtigt wird.

Zusammenhalt in Efeuranken

Mehrere Gefäße nebeneinander können durch Ranken optisch miteinander verbunden werden. Im folgenden Beispiel stehen vier alte Hyazinthengläser versetzt zu je zwei nebeneinander (siehe Foto Seite 96/97).

Nur kurze Zeit im Jahr dienen solche Gläser ihrem eigentlichen Zweck, der Hyazinthentreiberei. Mit ihrer schönen Form sind sie auch anders verwendbar. Die schalenförmige Gefäßöffnung bietet auch sperrigeren Formen Raum.

Den breiten Verzweigungen von kleinblättrigem Efeu kommt dieses Angebot sehr entgegen. Zur zusätzlichen Befestigung des Efeus kann auch ein passender Stein in die Glasmulde gelegt werden.

Die Efeuranken können mühelos über die Einzelgefäße gelegt werden, oder sie können diese umschlingen und wirken dann wie zu einer Einheit verwachsen.

Gefäße: Vier Glasgefäße, die miteinander harmonieren.
Steckhilfsmittel: Efeuranken.
Pflanzliches: Islandmohn, Elfenblumen und Lotus (Balkonpflanzen).
Technische Hilfsmittel: Messer, eventuell Steine, die in der Gefäßöffnung den Efeu festklemmen.

Vorbereitung

- Alle frischen Pflanzenteile anschneiden und vor der Verarbeitung für mindestens eine Stunde ins Wasser stellen.
- Gefäße so anordnen, dass sie eine optische Einheit bilden.
- Gefäße mit Wasser füllen.
- Efeuranken so weit entblättern, dass keine Blätter im Wasser stehen (Fäulnis).
- Gefäße mit Efeuranken versehen; dabei die Ranken über die Gefäßöffnungen führen und zur Stellfläche hin abfließen lassen.

Ausführung

Das Efeugewirr läßt viele kleine Einstecknischen für Blumenstiele. Islandmohn ist dabei ein sehr reizvoller Blickfang. Er zeichnet sich durch unbeblätterte Stängel aus, deren klare Linienführung grafisch wirkt. Aber auch Wicken, *Clematis*-Blüten, *Gloriosa* oder Freesien halten in einer solchen Steckhilfe und bilden durch ihre eigene Wuchsform mit der gesamten Gestaltung eine stimmige Einheit.

Sogar Elfenblumen und Lotus, beide sind als Ampelpflanzen im Frühsommer erhältlich, passen mit ihrem Wuchs in eine solche, raumgreifende Vasenfüllung. Sollten sich beim Stecken einige Pflanzenteile ständig

Frühlingserwachen.
Schlingendes Geäst ist so ineinander gefügt, dass Narzissen und Traubenhyazinthen ihren Halt finden.

aus der gewünschten Position drehen, können diese mit Hilfe eines Steines fixiert werden. Ein Stein, einfach in das Glas hineingelegt, wirkt organisch, wie selbstverständlich dazugehörend.

Wirkung

Die interessanten Stiele des Islandmohns zaubern Leichtigkeit herbei. Die zarten, tänzelnden, nahezu schwebenden Elfenblumen beleben mit ihren kleinen Einzelblüten die Grünpartie.

Eine farbliche Ergänzung zu den wenigen roten Mohnblüten sind die ziegelrot blühenden Triebspitzen des *Lotus*.

Hinweis

Eine solche Aneinanderreihung von Blumen und Gefäßen ist eine hübsche, auflockernde Dekoration für Tisch und Buffet. Die Abstände zwischen den Vasen sind variabel und die konkrete Ausführung kann, wie bereits erwähnt, unterschiedlich ausfallen. Wichtig ist, dass ein gefälliges, harmonisches Gesamtgefüge entsteht.

Schlingende Gehölze

Das Geißblatt ist eine echte Schlingpflanze. Zur eigenen Stabilität verschlingen sich mehrere Triebe ineinander, bevor sie sich um stützendes Geäst winden. Diese interessante Erscheinungsform ist besonders reizvoll für eine Gestaltung mit Blumen. Wer Schlinggewächse, wie Geißblatt, Blauregen, Pfeifenwinde oder *Clematis* im Garten hat, kann sie in gleicher Weise nutzen, wie das wilde Geißblatt.

Frühlingserwachen

Auf Waldspaziergängen begegnet uns das wilde Schlinggewächs vielerorts. Es fällt dadurch auf, dass sich seine Blätter zeitig im Frújahr entfalten. Auch die Schlehenhecken zeigen dann bereits ihre weißen Blüten an dem dunkelbraunen, dornenbewährten Gehölz. Im Garten blühen die ersten Traubenhyazinthen und Narzissen neben Krokussen, Schneeglöckchen und Winterlingen.

Wenige Schlehenzweige genügen, da sie sehr dicht mit Blüten besetzt sind, dazu einige Triebe des wilden Geißblattes, und die Steckbasis für eine Frühlingsgestaltung kann bereitet werden. Blühende Ergänzungen können im Garten geerntet werden, und für eine stimmungsvolle Präsentation fehlt nun lediglich noch das Gefäß.

Um die draußen entdeckten Pflanzen gestalterisch zur Geltung zu bringen, ist eine weite, flache Schale geeignet. Sie bietet Raum für eine wirkungsvolle Anordnung von Pflanzentrieben und Zweigen. Die Schlingungen des Geißblattes können wir so dirigieren, dass innerhalb der Schalenöffnung ein räumliches Gefüge mit vielen Nischen und Lücken entsteht. Da hinein werden die bizarren Schlehenzweige und die Schnittblumen aus dem Garten gesteckt (siehe Seite 99).

Mit Naturbast können Ranken und Zweige an einzelnen Stellen so zusammengebunden werden, dass ein stabiles Gefüge entsteht, das nun als Steckbasis dient.

Gefäß: Rustikale Keramikschale mit 60 cm Durchmesser.
Steckhilfsmittel: Schlingendes Gehölz vom wilden Geißblatt.
Pflanzliches: Blühende Schlehenzweige, Narzissen, Traubenhyazinthen, getrocknete, überwinterte Gräser.
Technische Hilfsmittel, Zubehör: Messer, Rosenschere, Naturbast zum Zusammenbinden, 3 bis 4 Steine.

Vorbereitung

- Narzissen und Traubenhyazinthen anschneiden und vor ihrer Verarbeitung für mindestens eine Stunde ins Wasser stellen.
- Das Geißblatt so in die Schale arrangieren, daß ein Gerüst entsteht, in dem die übrigen Pflanzenteile Halt finden.
- Schlehenzweige in das verschlungene Geißblatt einfügen und gege-

Gesteckter Blumenkranz.
Zwischen verschlungenen Ranken lassen sich Blumen zu einem anmutigen Miteinander arrangieren.

benenfalls mit Bast fixieren, dass ein Gesamtgefüge entsteht.
- Das Gerüst vor dem Befüllen der Schale mit Wasser noch einmal herausnehmen, um die Schale zu säubern.
- Wasser in die Schale füllen.
- Zweiggefüge wieder einlegen; in das Wasser ragende Blatt- und Blütenpartien auf Steine legen oder durch Bastbindungen fest aufrichten.

Ausführung

In das geschaffene Gerüst aus Windungen und bizarren Zweigen werden behutsam Narzissen und Traubenhyazinthen eingefügt. Eine leicht schräge Anordnung passt zum eher waagerechten Verlauf der Zweige in besonderer Weise. Die Gestaltung bleibt flach und ohne störende Kontraste in der Bewegungsrichtung.

Die Traubenhyazinthen mit ihren dünnen Stielen werden zu kleinen Sträußen zusammengebunden und lassen sich so bequem in eine Lücke der Steckbasis einfügen. Auf diese Weise erscheinen sie wie im Garten, in dichtem Nebeneinander.

Als Akzent werden einige trockene Gräser zugefügt. Da sie kein Wasser benötigen, lassen sie sich beliebig in das Gerüst stecken.

Wirkung

Die schräg gestellten Narzissen lugen verstohlen zwischen den Zweigen hervor, als wagten sie sich noch nicht recht. Diese Zurückhaltung entspricht dem zaghaften Frühlingserwachen.

Die hellen, freundlichen Farben sind ein Aufatmen nach den überstandenen, tristen Wintermonaten und eine Ankündigung beginnender Sonnentage.

Die trockenen Gräser künden noch vom gerade erst vergangenen, kargen Winter. Mit ihren kreisförmigen Bewegungen umspielen sie spröde das Frühlingserwachen, dessen erfrischende Wirkung durch dieses Zusammentreffen unterstrichen wird.

Hinweis

Einige frisch geerntete Zwiebelblumen sondern an der Schnittfläche Schleim ab. Bei Kombination mit anderen Schnittblumen führt es dazu, dass diese welken, weil ihre Leitungsbahnen durch den Schleim verstopfen. Daher ist es ratsam, Narzissen und Traubenhyazinthen vor der Verarbeitung 1 bis 2 Stunden separat in Wasser ausschleimen zu lassen. Danach ist eine Gestaltung mit anderen Blumen unproblematisch.

Gesteckter Blumenkranz

Ringförmige Porzellan- oder Keramikgefäße sind beliebte Gestaltungselemente für Kaffeetafeln vor allem, weil sie keine Verunreinigungen hinterlassen. Die geschlossene Gefäßform, hier in der Größe einer Tortenplatte, lässt sich gut integrieren (s. Foto Seite 101).

Auch Kerzen können mittels Kautschukklebeband, das am Kerzenboden angebracht wird, in solchen Ringen fixiert werden.

Für die Blumengestaltung ist Steckmasse völlig unnötig, alternative Steckhilfen genügen. In gewaschenen Kieselsteinen, Sand oder Maschendraht lässt sich ein blumiger Schmuck schnell und leicht gestalten.

Auch miteinander verwobene Ranken, die in den Hohlraum des Ringes gedrückt werden, eignen sich als Steckhilfe für Blüten und Blätter.

Die Natur ist reich an verschiedenen rankenden, schlingenden und kletternden Pflanzen. Deren Sprossteile sind frisch und abgestorben gestalterisch wertvoll. Jede Pflanze ist mit ihren reizvollen Windungen einzigartig.

Im Kapitel »Winden« werden natürliche Gestaltungsmittel und

Verarbeitung zarter Stiele

Die Beschaffenheit der Blumenstiele gibt Aufschluss darüber, wie eine Pflanze zu behandeln ist.

Blumen mit zarten Stielen welken rasch nach dem Pflücken und erholen sich auch im Wasser nur langsam wieder. Ein frischer Anschnitt und lauwarmes Wasser helfen ihnen dabei.

Je dünner der Stiel, desto problematischer ist die Verarbeitung in einem Gesteck.

Weiche, dünne Stiele können nicht direkt in Steckmasse gearbeitet werden. Mit einem angespitzten Holzstäbchen, das in seiner Stärke den Stielen entspricht, werden Löcher vorgebohrt, in die die zarten Stiele geführt werden können (siehe Seite 18).

Doch besser ist eine andere Lösung. Dürre Ranken, im Winter getrocknet, lassen sich nestartig zusammenfügen und über die Gefäße legen. Geeignet sind Triebe vom Baumwürger oder von der Waldrebe (*Clematis*). Auch aus Blauregen, Pfeifenwinde oder Geißblatt lässt sich eine geeignete Steckvorrichtung herstellen.

deren vielfältige Verwendungsmöglichkeiten ausführlich behandelt.

In dem folgenden Beispiel sind Ranken von Stangen- oder Kletterbohnen so in den offenen Ring eingepasst, dass Seitentriebe den Ring spielerisch umgeben. Es entsteht ein transparentes Gerüst, das auch nur akzentuiert mit Blüten versehen werden kann, um den Blick auf das verschlungene Steckgebilde freizugeben.

Gefäß: Porzellanring von 25 cm Durchmesser.

Steckhilfsmittel: Ranken von Stangen- oder Kletterbohnen.

Pflanzliches: Blüten von Balkonpflanzen: ziegelrote Hängegeranie, hellviolette Fächerblume, rot-violette Hängenelken, violetter Klee, sonnengelbe *Bidens*.

Technische Hilfsmittel: Messer, Rosenschere.

Vorbereitung

- Alle frischen Pflanzenteile anschneiden und vor der Verarbeitung mindestens eine Stunde ins Wasser stellen.
- Dünne Bohnenranken mit der Rosenschere der Ringbreite entsprechend schneiden.
- Ranken so in den Ring einpassen, dass möglichst viele kleine Nischen entstehen, worin die kurzen Blütenstiele Halt finden.
- Wasser in den Ring füllen.

Ausführung

Ihrem natürlichen Wuchs gemäß werden die kurzgeschnittenen Sommerblumen zwischen die gewundenen Bohnenranken gesteckt. Bei der Blumenauswahl sollte darauf geachtet werden, dass die Blütenstiele nicht zu steif und gerade sind, sondern sich der Kreisform des Ringes anpassen. Hängepflanzen eignen sich besonders für einen solchen Blumenreigen.

Die Schnittstellen der Sommerblumen müssen ausreichend tief im Wasser stehen. Festigkeit und gute Wasserversorgung sind grundsätzliche Voraussetzungen bei Steckarbeiten.

Wirkung

Das farbenfrohe Zusammenspiel filigraner Sommerblüten wirkt ausgelassen und munter, was durch die kreisförmige Anordnung unterstützt wird. Der Porzellanring erweist sich als äußerst ästhetisch und passt vor allem zu einer elegant gedeckten Tafel.

Von der Natur lernen

Durch gezielte Blumenauswahl und die passenden Gestaltungsmittel ist es möglich, beim Betrachter Empfindungen und Stimmungen zu wecken. Naturstudien sind daher wichtig, um den Blick für charakteristische Besonderheiten zu schulen und Gestaltungen dann gezielt angehen zu können.

So fällt beim Betrachten kleiner Frühlingsblüher auf, dass sie meist in größeren Gruppen vorkommen. Daher ist es konsequent, wenn sie auch in einer Gestaltung in Gemeinschaft erscheinen.

Neben Wuchsform und Charakter von Pflanzen sollten auch die ursprüngliche Herkunft und ihre natürliche Umgebung in einer Gestaltung berücksichtigt werden.

Arrangement aus kleinen Sträußen

Schlüsselblumen, Buschwindröschen und Küchenschellen fühlen sich wohl in dichten Laubwäldern. Es wäre falsch, ihnen eine Umgebung zumuten zu wollen, die nicht ihrer natürlichen Umwelt entspricht.

Deshalb werden im folgenden Gestaltungsbeispiel Hainbuchenzweige verwendet, wovon einige bereits grüne Blätter getrieben haben, andere trocken und abgestorben sind. So dienen sie als Attribute, die sowohl den angebrochenen Frühling als auch den nicht ganz vergangenen Winter symbolisieren.

Leere, von der Witterung gebleichte Schneckenhäuser sind als liebenswürdiges Detail zu sehen.

Gefäße: Drei unterschiedlich große Tonschalen.

Steckhilfsmittel: Dürre Ranken von der Waldrebe (*Clematis*).

Pflanzliches: Schlüsselblumen, Buschwindröschen und Küchenschellen, frisch ausgetriebene und trockene Zweigspitzen der Hainbuche.

Technische Hilfsmittel, Zubehör: Messer, Naturbast, leere Schneckenhäuser, Steine.

Vorbereitung

- Alle frischen Pflanzenteile anschneiden und vor der Verarbeitung für mindestens eine Stunde ins Wasser stellen.
- Dünne, elastische Ranken der Waldrebe nestartig formen und über die Gefäße legen, in denen die Blumen angeordnet werden sollen.

Arrangement aus kleinen Sträußen.
Zum Sträußchen zusammengefasst, lassen sich zarte, kurze Blumen gut verarbeiten.

- Einzelne Triebe des Rankengefüges an einigen Stellen mit Naturbast zusammenbinden, um eine höhere Stabilität zu erreichen.
- Wasser in die Gefäße füllen, die mit Schnittblumen versehen werden sollen.
- Blumen, geordnet zu kleinen Sträußen, mit Bast zusammenbinden; dafür die Stiele parallel nebeneinander auf den Tisch legen; den Bast ein- bis zweimal um die Stiele wickeln und mit einem einfachen Knoten fixieren; dabei darauf achten, dass man den Bast nicht zu fest zieht, damit die zarten Stiele nicht gequetscht werden.

Ausführung

Drei Gefäße stehen für die Gestaltung zur Verfügung. Das Ensemble sollte möglichst interessant geschmückt werden. Nutzen wir alle Gefäße gleichmäßig, wirkt das langweilig. Unterschiede bringen Spannung und lassen gestalterische Überlegungen erkennen. Wird das nestartige Gefüge nur über zwei Gefäße gelegt, entsteht damit eine klare Dominanz. Die kleine Schale rangiert dann als Begleiter.

Die Sträußchen aus hellgelben Schlüsselblumen und violetten Küchenschellen, in deren Mitte sich das Gelb der Schlüsselblumen wiederholt, werden über der großen Schale in das dürre Gefüge geordnet. Sie lassen sich mühelos so in die Steckhilfe einhängen, dass die Stiele bis ins Wasser reichen. Das Volumen des großen Gefäßes verlangt nach einer wirkungsvollen Blütenfülle.

Mit Hilfe der Sträußchentechnik lässt sich nicht nur schnell gestalten, sondern auch pflanzengerecht arbeiten. Alle Blüten kommen ungehindert zur Wirkung.

In der kleineren Schale erhalten die Buschwindröschen, die wie weiße Sternchen blitzen, einen Platz. Hier werden entsprechend der geringeren Größe der Schale nur wenige Blumenstiele angeordnet. Der Blick in das Gefäß wird freigehalten und das Gefüge aus Waldrebe bleibt gut sichtbar. Außerdem ist so der Wasserstand gut kontrollierbar.

Steine oder Schneckenhäuser ergänzen die Gestaltung, die dem winzigen Ausschnitt einer Waldlandschaft nachempfunden ist.

In das ergänzende Gefäß ohne Blumenfüllung sind lediglich zusammengerollte, trockene Buchenblätter und zwei Schneckenhäuser gelegt.

Beim Versuch, auf die kleine Schale zu verzichten, wird man feststellen, dass sie die Gesamtgestaltung erst auflockert. So können nebensächlich scheinende Beigaben eine besondere optische Funktion haben.

Wirkung

Als friedlich und verhalten ist die Stimmung zu beschreiben, die von dieser kleinen Naturstudie ausgeht. Sanfte Farben zeichnen die ersten Frühlingsblüten aus. Der frische Kontrast zu den vom Winter gezeichneten, trockenen Ranken wirkt belebend und aktivierend.

Vielleicht weckt eine solche Gestaltung erst so recht die Neugierde auf alles, was sich jetzt in der Natur zu regen beginnt. Dabei kann viel beobachtet und gestalterisch ausprobiert und umgesetzt werden.

Hinweis

Blumen in freier Natur sollten nicht gepflückt werden, weil viele Arten geschützt sind. Schlüsselblumen, Küchenschellen und Buschwindröschen gibt es als kultivierte Pflanzen zu kaufen. Sie sind eine Bereicherung für den Garten im zeitigen Frühjahr. Ebenso sind Schneeglöckchen, Tausendschön, Veilchen und Primelsträußchen im Blumenfachgeschäft zu erwerben oder sie wachsen im eigenen Garten.

Der Strauß aus weißen Blüten macht das Auge für feine Nuancen sensibel.

Binden

Gebundene Werkstücke: Sträuße, Kränze und Girlanden

Blumenbinderei

Die alte Berufsbezeichnung »Blumenbinder« weist darauf hin, dass das Fertigen gebundener Werkstücke seit jeher zu den wichtigsten und häufigsten Tätigkeiten im professionellen Umgang mit Blumen gehört. Es gibt diesem Beruf geradezu seine Identität.

Gebunden werden Sträuße, Kränze und Girlanden, um die drei wichtigsten Gestaltungsmöglichkeiten aus diesem Bereich zu nennen.

Beim häuslichen Gestalten mit Blumen hat das Blumenstecken meist den Vorrang vor dem Binden. Deshalb ist die Binderei hier nicht so umfangreich vorgestellt.

Der Blumenliebhaber, der sich mit der Straußbinderei intensiver auseinandersetzen möchte und vertiefende Anleitung wünscht, findet im Anhang weiterführende Literaturhinweise.

Blumen pflücken – Blumen halten

Blumensträuße sind Arrangements, bei denen Pflanzenstiele auf bestimmte Weise angeordnet und zusammengebunden werden. Bereits Kinder nehmen auf ihre unbeschwert fröhliche Art Blumen zu anmutigen Sträußchen zusammen. Erst beim Erwachsenen wird im Umgang mit Pflanzlichem Sorgfalt und der Hang zum Ordnen deutlich.

Lebendiger Stehstrauß. Starre und bewegte Wuchsformen geben sich ein stabiles Stelldichein.

Der Strauß

Lernen durch Tun

Wie man bei jeder handwerklichen Tätigkeit erst durch Übung und vielfache Wiederholung den gewünschten Erfolg erzielt, so ist es auch beim Straußbinden.

Das Gefühl für das richtige Halten eines Straußes muss man selbst entwickeln. Anfängliche Schwierigkeiten müssen in Kauf genommen werden und sollten nicht entmutigen.

Zu Beginn: Die Blumen »putzen«

Alle Blumen, Blätter, Zweige oder Gräser, die für einen Strauß ausgewählt wurden, müssen vor dem Binden »gesäubert« werden.

Die Stiele müssen so weit von Blättern und krautigen Teilen befreit werden, dass beim Einstellen in das Wasser keine Fäulnis entsteht.

Stacheln werden mit Hilfe eines scharfen Messers entfernt, überflüssiges Blattwerk ebenso. Zu viel Grün kann die Wirkung des Straußes beeinträchtigen und zudem zu Welkeerscheinungen führen. Die Transpiration, also die Verdunstung über das Blatt, sollte möglichst gering gehalten werden, damit die Blüte ausreichend

mit Wasser versorgt wird und sich voll entwickeln kann.

Nebentriebe können entfernt werden, da Verzweigungen oft stören. Meist sind die Nebentriebe auch unterentwickelt und welken schnell.

Den Strauß halten

Die vorbereiteten Blumen liegen nebeneinander auf dem Tisch, Messer und Bast sind ebenfalls griffbereit. Wird mit Naturbast gebunden, sollte dieser kurz durch Wasser oder die nasse Hand gezogen werden. Er ist dann weicher und legt sich geschmeidig an; grüner Kunstbast wird direkt von der Rolle benutzt.

Bei Rechtshändern werden die Blumen in der linken Hand gehalten, die rechte ist die zuführende und korrigierende Hand.

Mit den Blumen für die Straußmitte wird begonnen. Die erste Blume wird gerade gehalten zwischen Daumen,

Den Strauß halten.
Die linke Hand hält die Blumen, die rechte reicht sie an. Stets schräg in eine Richtung werden die Stiele angelegt, so dass sie spiralförmig zusammenlaufen.

Den Strauß binden.
Die Bindestelle liegt in der haltenden Hand. Es ist die Stelle, an der die Spirale ihren Wendepunkt hat.

Den Strauß anschneiden.
Nach dem Zusammenbinden erhalten alle Stiele einen sauberen schrägen Anschnitt, der eine ungehinderte Wasseraufnahme garantiert.

Zeige- und Mittelfinger. Die zweite, wie alle folgenden auch, wird schräg überkreuzend angelegt. Die Blüte ist nach links oben gerichtet, das Stielende nach rechts unten. Alle zugeführten Stiele laufen spiralig, schräg angeordnet von links oben nach rechts unten. Die spiralförmige Anordnung der Stiele hat in der haltenden Hand ihre schmalste Stelle. Bei zunehmender Stielanzahl hält die ganze linke Hand den Strauß.

Um eine gleichmäßige Verteilung und Wirkung der Blumen zu erzielen, sollte der Strauß ab und zu in der Hand gedreht werden. Dabei hilft die rechte Hand, die die Blumenstiele oberhalb der linken Hand umfasst. Diese öffnet sich dann ein wenig, und mit der rechten Hand kann der Strauß gedreht werden, ohne dass die Blumen verrutschen.

Falsch angelegt sind die Blumen, die nicht der spiralig angeordneten Stielrichtung folgen, sondern diese überschneiden.

Lebendiges Miteinander

Beim Anlegen der Blumen sollte auch deren natürliche Wuchshaltung berücksichtigt werden. Blumen mit aufstrebender, vertikaler Linienführung gehören in die Straußmitte. Ausschwingende Linien sollten die äußeren Partien gestalten.

Üppige, runde Blütenformen oder vielblütige Stiele können ebenso wie Blätter durch tiefere Anordnung im Straußinneren sammelnde, verbindende Wirkung haben und dadurch dem Strauß zu Einheit und interessanter Lebendigkeit verhelfen. Bei einer Staffelung der Blüten in unterschiedlichen Höhen können die Augen beim Betrachten des Straußes auch in die Tiefe wandern.

Spannungsreiche Beziehungen entstehen. Sie unterstreichen oft den Charakter der einzelnen Blumen.

Den Strauß zusammenbinden

Ist die gewünschte Straußform erzielt, können die Blumen zusammengebunden werden.

Zur Überprüfung, ob das Gebinde von allen Seiten hübsch anzuschauen ist und einen gelungenen Umriss aufweist, hilft die Betrachtung vor einem Spiegel. So lassen sich noch letzte Korrekturen vornehmen oder zarte, empfindliche Stiele einfügen.

Die Bindestelle befindet sich genau dort, wo die Spirale ihren Drehpunkt besitzt, also innerhalb der Hand, die den Strauß hält. Der Bast wird oberhalb dieser Hand um den Strauß geschlungen, wobei das eine Ende etwa 10 cm hängengelassen und von den Fingern der linken Hand festgehalten wird.

Die rechte Hand führt in straffer Bewegung den Bast zwei- bis dreimal um die Stiele über der Hand. Diese kann sich, das Bastende immer noch festhaltend, nun so weit öffnen, dass die Bindestelle sichtbar wird. Durch weiteres, mehrmaliges Umführen des Bastfadens wird die Bindestelle nun fixiert. Die Windungen des Bastes sollten sauber übereinander verlaufen, sie sollten straff und ohne Schlaufen sein. Der Bast wird dabei so fest angezogen, dass die Stiele nicht gequetscht

Die Länge der Straußstiele und die Höhe der Blumen über der Bindung stehen im Normalfall im Verhältnis 1 : 2 bis 1 : 3. So erscheinen die Stiele in einem guten optischen Verhältnis zur Straußhöhe.

werden, aber trotzdem optimalen Halt bekommen.

Die Breite der Bindestelle richtet sich nach dem Stängelvolumen. Dünne Spiralen benötigen weniger Umwicklungen als dicke. Zarte Stiele sollten behutsam zusammengebunden werden. Holzige, harte Stiele bedürfen einer energischen Bindung.

Zum Verknoten wird das anfangs belassene Bastende benötigt. Der Strauß wird vorsichtig auf die Tischkante gelegt. Dann werden beide Bastenden miteinander verknotet. Die Knotenenden bleiben 1–2 cm lang.

Den Strauß anschneiden

Alle Stiele werden nach dem Zusammenbinden mit der Rosenschere auf eine gemeinsame Länge gebracht. Sehr lange Partien können bereits während des Bindevorganges gekürzt werden, damit sie nicht hinderlich sind.

Alle Stiele erhalten anschließend einen sauberen Längsschnitt, der die eingetrockneten Leitungsbahnen wieder freilegt und so zu einer guten Wasseraufnahme beiträgt.

Zum Anschneiden können die Blumen, wie beim Zusammenknoten des Bastes, auf der Tischkante liegen. Die linke Hand greift den einzelnen Stiel, die rechte führt das Messer. Nach dem Anschneiden wird der Strauß gleich ins Wasser gestellt.

Soll der Strauß nach dem Binden noch transportiert werden, müssen die Blumen erneut schräg angeschnit-

Sorgfältig Gebundenes in freier Gestaltung.
Halmbündelungen mit paralleler Stielführung umgeben als Dreiecksform einen exakt gebundenen Weizenstrauß, der auf den gespreizten Stielen steht, die sich bei spiraligem Anlegen ergeben.

ten werden, bevor sie wieder in die Vase kommen. Anders ist es, wenn der Strauß im Wasser stehend, zum Beispiel in einem halb gefüllten Eimer, befördert wird. Dann kann auf einen erneuten Anschnitt verzichtet werden.

Die Länge der Stiele unterhalb der Bindestelle richtet sich nach der Höhe des Straußes oberhalb der Bindestelle. Das Verhältnis Straußhöhe oberhalb der Bindestelle zu Stiele unterhalb der Bindestelle sollte zur optischen Ausgewogenheit 2:1 bis 3:1 betragen; also befinden sich zwei Drittel oder drei Viertel der gesamten Straußlänge über der Bindung, ein Drittel bis ein Viertel darunter.

Die Pflanzenstiele sollten auf jeden Fall so lang sein, dass sich der gebundene Strauß gut in der Hand halten und auch überreichen lässt.

Sorgfältig Gebundenes in freier Gestaltung

Stehender Weizenstrauß

Gerade im Sommer, wenn in der Natur eine wahre Blumenfülle zu bewundern ist, bereitet es besondere Freude, regelrecht darin zu schwelgen. Spaziergänge durch Felder verleiten zum Sammeln und Pflücken, alles Heimgetragene kann dann mit Sorgfalt und Muße zu einem ganz speziellen Blumenschmuck verarbeitet werden.

Getreideähren dürfen eigentlich in keinem Feldstrauß fehlen, schließlich sind sie die typischen Begleiter des Hochsommers. Durch die Beschaffenheit der Halme ist es nicht schwer, sie zu einem Strauß anzuordnen, der eine deutliche Spirale aufweist. Die Verdickungen in den Halmen sind gute

Rechts: Natürliche Wuchsformen umspielen ungezügelt die streng formalen Gestaltungselemente.

Stützpunkte beim spiraligen Anlegen, weil sie ein Verrutschen verhindern.

Auch zum Üben sind Gräser bestens geeignet. Sie welken nicht, wie andere Schnittblumen, auch wenn sie länger in der warmen Hand gehalten werden.

Der Drehpunkt der Spirale bildet stets die Bindestelle. Von diesem Punkt geht eine gewisse Schwerpunktwirkung aus. Der Strauß kann deshalb auf seine Stiele gestellt werden und die oberen Sprossteile mit Blüten oder Früchten tragen, ohne dass es die optische Ausgewogenheit stört.

Liegende Weizenbündel

So exakt, wie die Halme zu einer Spirale zusammengefügt werden können, lassen sie sich auch zu Bündelungen verarbeiten.

Halmbündelungen dieser Art können beliebig in Blumengestaltungen eingesetzt werden. Als Einzelform kann man sie auch getrocknet in einem gesteckten Arrangement verarbeiten, beispielsweise in einem Adventsschmuck, wo sie, wie Zimtstangen, ein schmückendes Beiwerk sind.

Aus einzelnen Bündelungen können wir aber auch eine Gesamtheit entstehen lassen, die, wie im folgendenBeispiel, gleichzeitig gestalterische und funktionale Bedeutung besitzt.

Ein Spiel mit Formen

Betrachten wir den exakt gebundenen Weizenstrauß, der auf seinen Halmen steht, erkennen wir in ihm die geometrische Form eines Kegels. Das Gefäß, in dem dieser Strauß steht, ist kugelförmig. Legen wir die drei Weizenbündel einander überkreuzend auf das Gefäß, so erhalten wir eine Dreiecksform. Die Gestaltungsmittel Bündelungen und Strauß sowie das Gefäß geben eine interessante Kombination geometrischer Erscheinungen vor, die eine Ergänzung durch freie Gestaltung finden sollte.

Gefäß: Moosgrüne, kugelige Glasschale mit einer 25 cm weiten Öffnung.

Pflanzliches: Frische, grüne Weizenhalme, Kornblumen, Margeriten, Mohn, dünne Ranken von *Clematis*.

Technische Hilfsmittel: Messer, Rosenschere, Seitenschneider, Messingschmuckdraht.

Vorbereitung

- Alle frischen Pflanzenteile anschneiden und vor der Verarbeitung für mindestens eine Stunde ins Wasser stellen.
- 30 bis 40 Weizenhalme, ungefähr 35 cm lang, zu einem Strauß zusammenfassen: alle Ähren sollen dabei auf einer Höhe erscheinen, die Stiele weisen eine möglichst exakte Spirale auf (Vorgehen wie auf Seite 112 beschrieben); die Stiele mit der Rosenschere gerade und sauber auf eine Länge schneiden.
- Bindung mit Messingschmuckdraht vornehmen, Halme mit der Rosenschere gerade und sauber auf eine Länge schneiden.
- Drei gleichlange Bündelungen mit 5 bis 7 Weizenstielen von etwa 35 cm

Länge fertigen: Stiele parallel aneinanderlegen und an mehreren Stellen mit Messingschmuckdraht fixieren; Halme mit der Rosenschere gerade und sauber auf gleiche Länge schneiden.
- Bündel auf der Tischplatte zu einem Dreieck legen und an den Überschneidungspunkten mit Messingschmuckdraht zusammenbinden, so dass eine geschlossene Form entsteht.
- Das Bündel-Dreieck über die Gefäßöffnung legen.
- Weizenstrauß durch das Dreieck hindurch so in der Vase plazieren, dass er auf seinen Halmen steht.
- *Clematis*-Ranken locker auf die Dreiecksform um den stehenden Strauß legen.
- Wasser in die Schale füllen.

Ausführung

Das auf den zum Dreieck geformten Bündelungen liegende *Clematis*-Gerank bietet zwischen den Windungen Freiräume, in die sich die Feldblumen einfügen lassen und so sicheren Halt finden. In dichtem Nebeneinander werden Kornblumen, Mohn und Margeriten angeordnet, genau wie im Kornfeld.

Mit Überlegung gestaltet erscheinen sie hier jedoch anders, als wären sie rein zufällig untereinander gemischt.

Wirkung

Die strengen Formen von Kegel und Dreieck werden durch die freien, ungezügelten, natürlichen Bewegungsrichtungen der Feldblumen gemildert und belebt. Gewundenes vom Feldrand, die tänzelnden Kornblumen, rote Mohnblüten als leuchtende Farbtupfer sowie die sich einschmiegenden Margeriten kontrastieren zur Dreieckskonstruktion.

Das weite, kugelige Gefäß hat eine ähnliche Farbgebung wie die noch frischen Weizenhalme. Es tritt daher farblich nicht in Konkurrenz, sondern fügt sich auch in die übrigen Gestaltungselemente harmonisch ein.

Eine sommerlich frische Ausstrahlung geht von der Gestaltung aus. Sie wirkt spritzig und transparent, auch bedingt durch das gläserne Gefäß, das den Blick freigibt auf die gespreizt gestellten Halme und die lose eingehängten Stiele der Feldblumen.

Hinweis

Ohne Wasserversorgung trocknet frisches Getreide allmählich ein, was seine Erscheinung nicht beeinträchtigt. Dabei schrumpfen die Halme ein wenig und die feste Bindestelle löst sich. Ein Gummiband an der Bindestelle beugt dem vor. Es kann durch eine Schmuckbindung aus Draht oder Band kaschiert werden (siehe Seite 123).

Vielgebundenes

Das ist ein merkwürdiges Wort; es soll ein Synonym sein für eine Straußvariante, bei der aus Einzelgebinden eine Gesamtheit entsteht.

Mehrere Gras- oder Getreidesträuße, ziemlich streng gebündelt, werden in unterschiedlichen Schräglagen so ineinandergefügt, dass sie sich in ihrer jeweiligen Position halten. Insgesamt entsteht ein ungewöhnliches, attraktives Objekt.

Halme von wildwachsenden Gräsern oder von Getreide sind, spiralig angeordnet, zu mehreren Sträußen zusammengebunden. Diese Sträuße werden schräg übereinander gelegt, wobei die auseinandergespreizten Halme oberhalb der Bindestellen ineinandergesteckt werden und sich gegenseitig Halt geben. Ein stabiles, geordnetes Gefüge entsteht.

Auf einer weiten flachen Schale kommt eine plastische Gesamterscheinung zur Wirkung. Die gesamte Gestaltung kann als ein Objekt aus liegenden Sträußen mit vielen Bindestellen verstanden und als gebundenes Werkstück bezeichnet werden.

Deutliche Akzente

In der schlichten Verdichtung können wirksame Akzente in der Gestaltung gesetzt werden.

Andersfarbige Halme oder dünne Holzstäbe können das Linienspiel der Straußelemente bekräftigen und unterstreichen. Sie betonen in besonderem Maße die konzentrierte Mitte der ineinandergefügten Einzelelemente.

Das gestalterische Zentrum eines Straußes liegt üblicherweise über der Bindestelle. Bei dieser Gestaltung sind es die vielen Bindestellen, die das Ungewöhnliche, aber gerade auch das Reizvolle an der Gestaltung ausmachen.

Stilisierter Stehstrauß

Bündelungen aus dünnen, gefärbten oder naturbelassenen Holz- oder Bambusstäben, aus Aluminiumstäben oder aus besonders gerade gewachsenen Weidenruten können in respektabler Größe einen wirkungsvollen Raumschmuck darstellen.

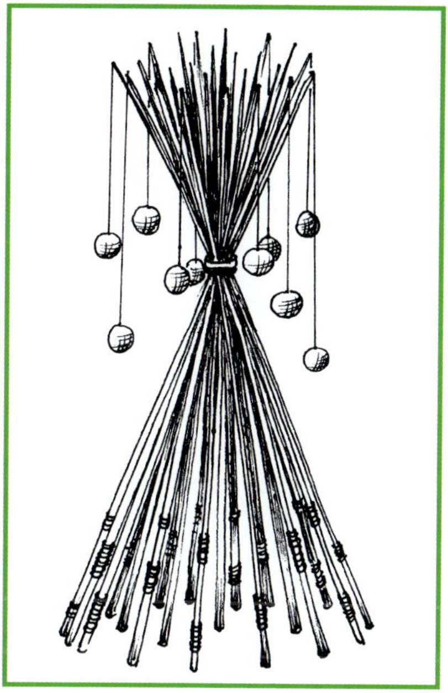

Dünne Holzstäbe, teils an ihren unteren Partien mit bunten Fäden bewickelt, werden als Bündel zusammengefasst. Durch ihre exakte spiralige Anordnung weisen sie stabiles Stehvermögen auf; bunte Kugeln setzen schmückende Akzente als Ergänzung zu den Wicklungen.

Im hier vorgestellten Beispiel sind eine Vielzahl von dünnen Holzstäben spiralig zusammengefasst, so dass sie einer stilisierten Straußform entsprechen. Auffällig ist die Plazierung der Bindestelle. Sie befindet sich in umgekehrter Proportion zur sonst üblichen Straußkuppel. Auf langen Stielen, die zwei Drittel der Gesamtlänge betragen, ruht der Torso, er steht sozusagen auf eigenen Beinen.

Durch die Verlagerung der Bindestelle wird eine besondere Spreizung der darunter befindlichen Stäbe erzielt, die so der Gestaltung festen Stand und Stabilität geben.

Schmuckvolle Attribute

Die beeindruckende Klarheit, die von einer solchen Anordnung ausgeht, sollte nicht durch Ausschmückungen überdeckt und somit abgeschwächt werden.

Die Bindestelle sollte besonders wirkungsvoll zum Ausdruck kommen, stellt sie doch den Wendepunkt zwischen oben und unten dar. Zum Zusammenbinden sollte Wickeldraht oder eine feste Schnur verwendet werden. Beides verleiht festen Halt und verhindert ein Verschieben der Stäbe.

Es ist manchmal ratsam, bereits beim Zusammenfassen mit dem Binden zu beginnen. Dieses Zwischenbinden erleichtert das sorgfältige Anlegen der Stiele, ohne dass sie verrutschen. Diese technische Bindung sollte später durch eine schmückende kaschiert werden.

Farbige Schnüre, auch zu Kordeln geflochten, können zierenden Schmuckwert haben. Drähte können mitverarbeitet werden. Eingebundene Perlen oder aufgefädelte Hülsen sind denkbar, um den gestalterischen Wert zu steigern (siehe Abbildungen auf Seite 119 und 120).

Farbige Wicklungen um einige Stäbe sind mögliche Akzente. Sie beleben das geordnete Gleichmaß der Spiralform.

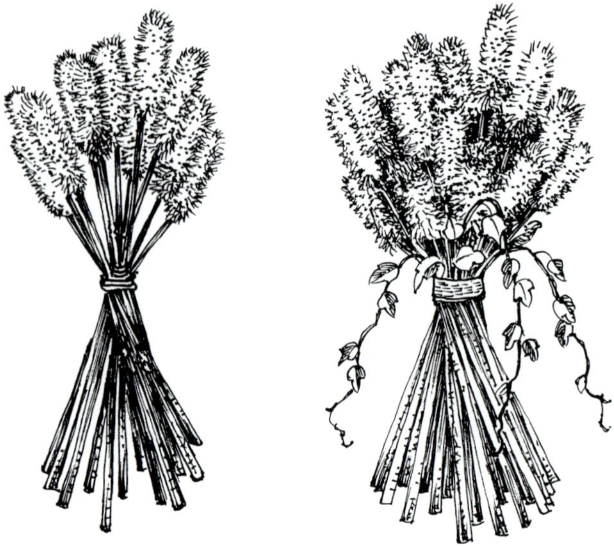

Das Anlegen der Stiele wird erleichtert und die Festigkeit des Straußes gesichert, wenn man ein- oder mehrmals zwischenbindet. Abschließend wird dieser technische Kunstgriff mit einer breiten schmückenden Bindung aus Bast, Kordel oder Schnur verdeckt

Lebendiger Stehstrauß

Es gibt eine Vielzahl von Blumen, die durch ihren stabilen Wuchs geeignet sind, auf den eigenen Stielen Halt zu finden. Sonnenblumen, Dahlien, Schwertlilien, Amaryllis und Lilien zeichnen sich durch feste Stängel und strengen vertikalen Wuchs aus. Die Palette ähnlich beschaffener Blumen lässt sich umfangreich erweitern; so gehören auch Gladiolen und *Eustoma* dazu (siehe Foto Seite 108).

Krautiges und Holziges im Kontrast

Unterschiedlich starke Bambusstäbe, farblich den Gladiolen und dem Blattgrün angeglichen, geben sich ein Stelldichein mit stimmungsvollen Sommerblumen und ausschwingenden Grasblättern vom Chinaschilf, die die Blütenstände begleiten und umspielen. Durch die starre Wirkung der geraden, holzigen Stäbe ergibt sich ein spannungsreiches Gesamtgefüge.

Die Stäbe wirken nicht nur statisch, sondern sie stabilisieren auch das Ge-

Feste Bindestelle – fester Stand

Soll ein gebundener Strauß nicht, wie üblich, in einer Vase, sondern auf seinen Stielen stehen, bedarf er besonderer Stabilität. Die wird ihm durch eine feste Bindestelle verliehen.

Beim Zusammenfassen der Stiele ist das Zwischenbinden fast unerlässlich, auf jeden Fall erleichtert es die Anfertigung eines gestellten Gebindes. Die abschließende Fixierung übernimmt die übliche Bindestelle, die bei einem solchen Strauß eine Breite von 3– 5 cm haben darf. So wird deren Bedeutung auch optisch wahrnehmbar unterstrichen. Die Bindestärke muss wirksam sein, da sie maßgeblich zur Stabilität beiträgt.

binde und übernehmen mit ihrer Anordnung raumgliedernde Funktion.

Je sorgfältiger die Spirale des Straußes geformt ist, desto besser ist auch das Stehvermögen, was, neben dem Anspruch der Ästhetik, eine Grundforderung bei dieser Straußvariante ist.

Gefäß: Flache Aluminiumschale mit 60 cm Durchmesser.
Pflanzliches: Gladiolen, *Eustoma*, Blätter vom Chinaschilf.
Floristisches Zubehör: Farbige Bambusstäbe aus der Hobby- oder Bastelabteilung in drei Viertel Länge zu den Gladiolen, farbige Baumwollfäden und Kordeln.
Technische Hilfsmittel: Messer, Rosenschere, Schere, Bindebast.

Vorbereitung

- Alle frischen Pflanzenteile anschneiden und vor der Verarbeitung für mindestens eine Stunde ins Wasser stellen.
- Bambusstiele gegebenenfalls mit der Rosenschere nachschneiden, so dass die Stiele gerade und flach enden
- Alle für den Strauß vorgesehenen Gestaltungsmittel griffbereit nebeneinander auf den Tisch legen.
- Bastfaden bereithalten.
- Wasser in die Schale füllen.

Ausführung

Die Blumenstiele und Stäbe werden spiralig angelegt und so in eine gespreizte Stellung gebracht. Korrekturen können vorgenommen werden, indem der Strauß in der Hand gedreht wird und einzelne Stiele in die richtige Position gerückt werden, so dass ein gefälliges Miteinander entsteht. Wenn wir die Stiele zwischendurch mit einem Bastfaden fixieren, also Zwischenbindungen vornehmen, verrutschen die einzelnen Gestaltungsmittel nicht und erhalten von Beginn an gute Festigkeit.

Der mitgeführte Bastfaden wird zum Schluss wie beim normalen Zusammenbinden mehrmals um die Bindestelle geführt und verknotet, was Festigkeit verleiht. Dieser stets notwendige Abschluß kann durch eine zusätzliche Schmuckbindung verschönert werden.

Gefäß und Wasseraufnahme

Der Eigenart des stehenden Straußes wird man nur dann gerecht, wenn die Funktion »Stehen« nicht vom Gefäß verdeckt wird. Flache, weite Schalen für eine ausreichende Wassermenge sind ideal. Alle Pflanzenteile sollen ungehindert Wasser aufnehmen können, das heißt ihre Schnittflächen müssen von einem mindestens 5 cm hohen Wasserstand umgeben sein. Für Rosen wäre das allerdings viel zu wenig, weil sie tief im Wasser stehen müssen, um nicht zu welken.

Da in weiten Gefäßen das Wasser außerdem schnell verdunstet, muss es öfter nachgefüllt werden. Und sauber sollte das Wasser sein – Verunreinigungen auf einer großen Wasserfläche sind nicht nur unästhetisch, sie fördern auch die Bakterienbildung, die der Haltbarkeit der Blumen abträglich ist.

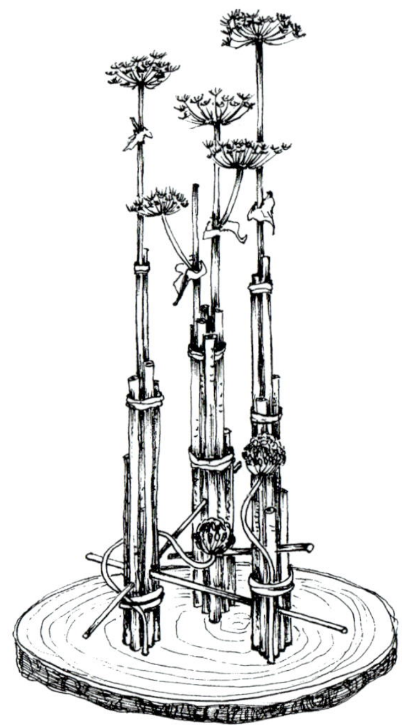

Doldengewächse wie Wilde Möhre, Wiesenkerbel oder hohle Herkulesstaude hinterlassen trockene Samenstände, die sich mit passenden Formen ergänzt, gut für parallel gebündelte Sträuße eignen. Zur Sicherung der Standfestigkeit wurden diese drei Stehsträuße mit farbigen Stäben verbunden.

Auf den Blumenschmuck farblich abgestimmte Kordeln und Fäden können die Bindestelle wirkungsvoll schmücken. Herunterhängende Bandenden verstärken den Eindruck von Gebundenem.

Abschließend werden alle Stiele auf gleiche Länge geschnitten, damit sie eine gute Stellfläche bilden.

Wirkung

Ein Stehstrauß ist stets sehr dekorativ und etwas ganz besonderes, weil er einen speziellen Geltungsanspruch erhebt. Er braucht Raum, um wirken zu können.

Durch die Statik geht von einem stehenden Blumenschmuck Ruhe und eine gewisse Beständigkeit aus. Natürliche Bewegungen stehen in wirkungsvollem Kontrast zu den starren Bambusstäben. Durch dieses Spannungsverhältnis erfahren die einzelnen Gestaltungsmittel eine Steigerung ihrer eigenen Individualität inmitten des Gesamtgefüges.

Gebündelte Parallelitäten

Eine andere Möglichkeit, Blumen im Strauß zusammenzufassen, bietet die parallele Anordnung. Wir verfahren dabei in leicht abgewandelter Weise: Die haltende Hand ist meist wieder die linke, die rechte führt die Pflanzenteile zu. Die Stiele werden dabei nicht über Kreuz zur Spirale angelegt, sondern gerade nebeneinander. Sie verlaufen parallel.

Mehrere exakte Bindestellen sind oft nötig, um der Stielmenge Halt zu verleihen. Bei parallel angeordneten Gestaltungsmitteln kann auch ein elastisches Gummiband über die Stiele geführt werden, das sich eng anschmiegt und sehr schnell für Festigkeit sorgt.

Die entstehenden Bündelungen sollen statisch ausgeglichen sein, wie es auch bei gespreizten Stehsträußen gefordert ist.

Technische und schmückende Bindungen

Unter einer technischen Bindung versteht man das wirksame Fixieren der zusammengefügten Gestaltungsmittel. Es entsteht eine Bindestelle, üblicherweise durch die Verwendung von Bindebast, die mit einer Verknotung abschließt.

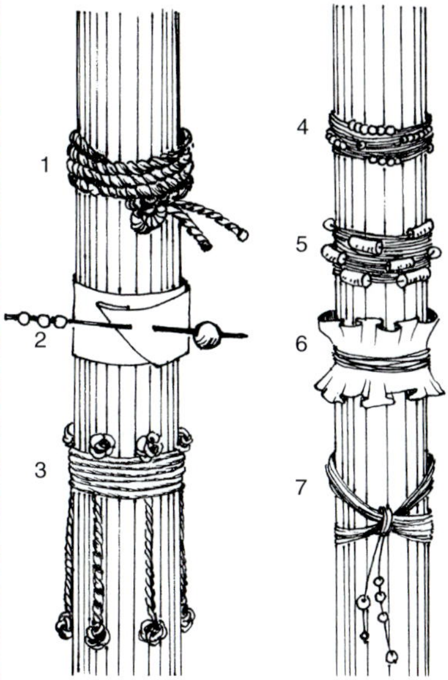

Schmückende Bindungen:
1. *Kordelbindung mit dekorativem Knotenabschluss*
2. *Bandbindung, mit Perlen besetztem Holzspieß (Schaschlikspieß) befestigt.*
3. *Schnurbindung mit eingewickelten Schnurenden.*
4. *Drahtwicklung mit Glasperlen besetzt.*
5. *Drahtwicklung mit aufgefädelten Stängelabschnitten.*
6. *Geraffte Bandlage mit Drahtwicklung.*
7. *Schräge, sich kreuzende Drahtwicklungen.*

Bei Stehsträußen, wo die Stiele in die Gestaltung einbezogen sind, übernehmen die Bindestellen neben ihrer technischen Bedeutung auch eine schmückende Funktion. Farbige Schnüre, Bänder, Kordeln, Schmuckdrähte – mitunter auch mit Auffädelungen von Perlen, Holzkügelchen oder Hülsen – sind als besondere Akzente für eine Schmuckbindung durchaus verwendbar. Sie kaschieren die schlichte funktionale Bindestelle und erhöhen den gestalterischen Wert des entstandenen Blumenschmucks.

Statisches, dynamisch belebt

Stabile Halme oder Stängel sind für parallele Anordnungen besonders geeignet. Generell werden Pflanzen bevorzugt, die sich durch einen betont vertikalen Wuchs auszeichnen, wie etwa Bambustriebe, Getreide oder Schachtelhalme. Aber auch Gehölze mit gerade gewachsenen Ruten, wie Weide, die geraden Wassertriebe vom Apfelbaum oder Zweige der Kornelkirsche und Forsythie sind geeignet.

Die zusammengefassten Bündelungen sollen in ihrem Umfang so stark sein, dass sie über ein gutes Stehvermögen verfügen. Um das herauszufinden, müssen die Bündel mehrmals auf die Tischfläche gestellt werden, bis die Gewissheit besteht, dass eine stabile Einheit geschaffen ist.

Die geraden, linearen Bündelungen können durch schwingende, spielerische oder skurrile Bewegungsverläufe ergänzt und bereichert werden. So ist zum Beispiel der Zierlauch bekannt für seine interessanten Bewegungsformen und von daher ein idealer Partner für grafische Gestaltungen. Auch Skabiosen, Kosmeen oder Montbretien zeichnen sich durch eine unregelmäßige Stängelführung aus und besitzen dadurch eine interessante Erscheinungsform. Auch langgestielte Blätter mit beeindruckender Blattspreite, beispielsweise von Bergenien oder Rhabarber, vermögen gestalterische Akzente zu setzen.

Formale und lineare Gegensätze, die in spannungsreichem Miteinander kommunizieren, beleben die Gesamtgestaltung. Dabei ist zu beachten, dass diese Linien den geraden Verlauf der Bündel nicht stören oder gar zudecken. Die klare Formation der Stiele muss dominant bleiben.

Florale Ergänzungen können bereits zu Beginn der Bindungen gestalterisch mit einbezogen werden oder durch zusätzliche Fixierung ihre Position einnehmen.

Stehhilfen

Steine oder Zweige sind natürliche Stehhilfen, die auf dem Gefäßboden für einen verbesserten und sicheren Stand von Stehsträußen sorgen können. Auch der Gebrauch von Steckigeln hat sich bewährt, weil die Stiele guten Halt in den Nagelblöcken finden.

Am schönsten ist es aber, wenn Stehsträuße sich durch eigene Stabilität auszeichnen und keiner weiteren Hilfe bedürfen.

Vertikal – horizontal

Parallel gebundene Sträuße können sowohl auf flache Schalen gestellt werden als auch in ein hohes Gefäß. Ein hoher, schmaler Glaskelch wirkt wie eine Hülse und hält alle aufragenden Pflanzenteile. Das Gefäß sollte transparent sein, damit seine Halt gebende Funktion deutlich sichtbar ist und die Stiele als wichtiges Element der Blumengestaltung ihre Wirkung behalten.

Hohe Binsen, die an Flussrändern geschnitten werden können, nimmt man als lockeres Bündel zusammen und stellt es in die Vase.

Die Verflechtungen der waagerecht gelegten Weidenzweige bieten Einsteckmöglichkeiten für blumige Begleiter. Sammelnde, runde Formen betonen auch durch ihre kranzförmige Anordnung die geschlossene Kreisform der Gefäßöffnung. Kleinblumige Rosen in halbgeöffnetem Zustand eignen sich hierfür besonders.

Langgestielte rot-violette Fuchsschwänze sind so eingefügt, dass ihre Stiele parallel mit den Binsen verlaufen. Auch sie finden Standfestigkeit zwischen den Weidenzweigen. Ihre Stiele enden am Grund des Glaszylinders.

Zwei ausschwingende, blühende Schilfhalme setzen sich durch ihre freie Bewegtheit von der strengen vertikalen Ausrichtung der Binsen ab und bilden den Gegenpart zu den farblich aussagekräftigen Fuchsschwänzen. Ihre freie Entfaltung verbindet sie wiederum mit den Fuchsschwänzen. Ihrer Wuchsform gemäß sollen die Gestaltungsmittel insgesamt so angeordnet sein, daß sie sich ungehindert entfalten können.

In unauffälliger Haltung präsentiert sich dabei das weiße Löwenmaul, das in seiner eher unnatürlichen, waagrechten Haltung zwischen den auslaufenden Zweigenden ruht.

Gefäß: Glaskelch von 30 cm Höhe und 12 cm Durchmesser.
Pflanzliches: Binsen und Schilf, Korkenzieherweide, Schwertlilienblatt, Fuchsschwanz, Löwenmaul, Rosen.
Technische Hilfsmittel: Messer, Rosenschere, Naturbast, hölzerner Zahnstocher, Gummiband.

Vorbereitung

- Alle frischen Pflanzenteile anschneiden und vor der Verarbeitung für mindestens eine Stunde ins Wasser stellen.
- Zweige der Korkenzieherweide entblättern, damit der skurrile Wuchs klar erkennbar wird.
- Zweige mit Naturbast so zusammenbinden, dass ein flächiges Gefüge entsteht, das um die senkrecht angeordneten Binsen geführt werden kann.
- Binsen zum Bündel legen, mit einem Gummiband zusammenfassen und mit der Rosenschere unten auf gleiche Länge schneiden.
- Langes Schwertlilienblatt, Zahnstocher und Naturbast bereitlegen.
- Wasser in die Vase füllen (nur zu zwei Drittel, da das Stängelvolumen beim Einstellen in die Vase Wasser verdrängt, wodurch der Wasserstand im Gefäß steigt).

Ausführung

Das Binsenbündel soll durch ein langes Schwertlilienblatt eine florale Bindung erhalten. Die etwa 4 cm schmale Blattfläche wird an die Stiele der Binsen gelegt und läuft senkrecht an ihnen entlang bis zur Höhe der Gefäßöffnung. Auf dieser Höhe wird das Blatt durch eine einfache Bindung mit Naturbast am Bündel fixiert. Von da ab umschlängelt es die Binsen aufwärts und wirkt dadurch wie ein breites, pflanzliches Band.

Oben angelangt wird das Blatt noch einmal um die Binsen geschlungen, dann wird die Blattspitze über dieser Windung nach unten umgeknickt und an dieser Stelle mit einem kleinen Zahnstocher festgesteckt. Ein Holzspieß passt wegen seiner pflanzlichen Beschaffenheit bestens zu dem floralen Band.

Nun wird das vorgefertigte Weidengerüst in Höhe der Gefäßöffnung um die eingestellten Binsen geführt und an seinen Enden wirkungsvoll mit Naturbast zusammengebunden. Es ruht auf dem Vasenrand und umgibt den Stehstrauß als stabile, pflanzliche Konstruktion.

Wirkung

In diesem Gestaltungsbeispiel werden keinerlei künstliche Fixierungshilfen benötigt; somit ist mit Hilfe verschiedener Techniken ein florales Gefüge entstanden, das organisch und harmonisch wirkt.

Hinweis

Ein hölzerner Zahnstocher ist als Naturprodukt äußerst vielfältig zur Fixierung verwendbar. Er ersetzt so manches Mal die gebräuchliche Stecknadel, auch bei schmuckvollen Verpackungen aus Naturmaterialien.

Vertikal – horizontal.
Natürlich Gewachsenes begegnet einander geordnet und geformt; formale Kontraste erlauben die spannungsreiche Anordnung konträrer Bewegungsrichtungen.

Winterrosen mit Gerüst

Es gibt eine alte, italienische Freilandrosensorte, die in den Blumenfachgeschäften nur im Winter angeboten wird: Es ist die Sorte 'Coburg'.

Sie ist einfachblühend, also nicht gefüllt, und in knospigem Zustand mit ihren verknitterten Hüllblättern in den Farbverläufen Rotbraun bis Gelb eher unscheinbar. Ihr Holz ist rötlich gefärbt, die Blätter sind nicht besonders ausdrucksstark.

Aber die Rose birgt ein Geheimnis: Wenn sich die Blüte bei Zimmertemperatur recht bald öffnet, entfaltet sie einen für ihre Sorte typischen, süßlichen Duft, der sie zum Kleinod werden lässt. Das Farbspiel der ausgebreiteten Blütenblätter reicht vom gedämpften Violettrot bis ins Hellgelb. Beim Verblühen mischt sich in die Rotanteile ein stärkerer Blaustich. Wie eine Muschel klappt sie dann ihren Duftspeicher zu und vergeht.

Bei der Anfertigung eines besonders anspruchsvollen Straußes können

Winterrosen mit Gerüst.
Umrahmungen, Gerüste aus pflanzlichem Werkstoff, bieten eingefügten Blüten nicht nur Halt, sondern zugleich eine exponierte Stellung.

auch natürliche Hilfsmittel integriert werden. Zwar als technische Hilfe eingesetzt, wird ein Gerüst aus Ranken oder dünnen Zweigen auch Teil der Gestaltung. Es erhält einen individuellen, schmückenden Wert und verleiht dem gebundenen Strauß eine ganz besondere Erscheinung und Ausstrahlung.

Natürliche Wuchsformen, beispielsweise von der Kletterhortensie, können mit wenig Bast zu einem Hilfsgerüst zusammengefasst werden, in das Blüten eingefügt werden und das gleichzeitig ein wirkungsvolles Umfeld schafft. Doch auch Ranken von Kletterrosen, Pfeifenwinde, Kiwi, schlingendem Knöterich oder jedes verzweigte Geäst mit biegsamen Seitentrieben ist verwendbar.

Gefäß: Schlichte, braun-grüne Bronzevase von 25 cm Höhe.

Pflanzliches: Knospendes Holz der Kletterhortensie, Efeuranken, Edelrosen der Sorte 'Coburg'.

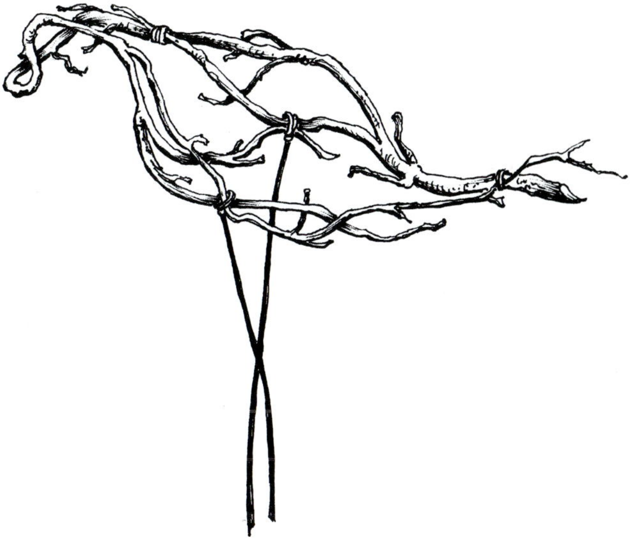

Ein langer, zusammengebogener und gebundener Kletterhortensientrieb ergibt das Grundgerüst für einen besonderen Strauß. Weitere Ranken können hindurchgezogen werden. Zwei starke Steckdrähte fungieren als Haltegriff.

Technische Hilfsmittel: Messer, Rosenschere, Naturbast, Steckdraht von 1,4 mm Stärke.

Vorbereitung

Die Rosen anschneiden und vor der Verarbeitung für mindestens eine Stunde ins Wasser stellen. Kletterhortensientriebe mit der Rosenschere auf die gewünschte Länge schneiden.

- Mit Bast die Kletterhortensientriebe so zusammenbinden, dass ein flächiges Gefüge mit großzügigen Nischen entsteht.
- Zwei Steckdrähte von 1,4 mm Stärke in der Mitte der Verzweigungen anbringen; sie tragen das Gerüst und werden mit den Straußstielen zusammen in der Hand gehalten und mit eingebunden.
- Efeuranken am unteren Stielende auf etwa 20 cm entblättern.

Die Natur als Vorbild

In Blumenfachgeschäften und gut sortierten Hobbyabteilungen von Gartencentern werden vorgefertigte »Blumengerüste« aus Weide oder Peddigrohr angeboten. Wir sollten uns jedoch nicht eines angebotenen Massenartikels bedienen, sondern vielmehr unserer eigenen Kreativität freien Lauf lassen und ein solches Gestaltungselement selbst formen.

Natürlich gewachsene Linienführungen können den Pflanzenfreund immer wieder zum Erstaunen bringen. Transparente Gebilde, verflochtene und verschlungene Pflanzentriebe, feingliedrig oder großzügig schwingend, gibt es vielfach in der Pflanzenwelt. Sie werden leider viel zu wenig beachtet. Doch wer lernt, sie bewusst zu sehen, kann sich an ihnen freuen und lässt sich von dem Spiel der Natur positiv beeindrucken.

Skurril Geformtes muss nicht erst konstruiert und ersonnen werden – es existiert in der Natur mit besonderer Perfektion. Oftmals braucht man den Ranken nichts hinzuzufügen, besonders wenn die filigrane Verflechtung herausgestellt werden soll.

- Rosen so weit entblättern, dass später kein Blatt ins Wasser reicht.
- Efeuranken und Rosen griffbereit auf den Arbeitstisch legen.
- Wasser in die Vase füllen.

Ausführung

Das vorgefertigte Zweiggerüst wird an den Steckdrähten wie ein Blumenstiel in die Hand genommen, die den Strauß beim Binden hält.

Die Rosen werden im Zentrum des Gerüstes zwischen die Geästnischen gefügt. Ihre Stiele verlaufen in der Hand parallel. Die Efeutriebe werden mit ihren entblätterten Enden ebenfalls durch das Gerüst zu den übrigen Stielen gesteckt und dort festgehalten. Ein Bastfaden wird oberhalb der Hand mehrmals um die Stiele geführt und verknotet, so dass der Strauß soliden Halt hat.

Um die eingebundenen Efeuranken über das kahle Gerüst zu legen, stellen wir das Gebinde am besten in die Vase. Zwischen den Hortensienwindungen findet der Efeu bequem Halt und belebt mit seinen dunkelgrünen Blättern das spröde Gehölz.

Da den Rosen zum größten Teil ihre Blätter entfernt werden mussten, weil sie wegen der Kopf-an-Kopf-Anordnung nicht zum Ausdruck kommen oder ins Wasser ragen, sind die Efeupartien eine willkommene grüne Belebung in der Gestaltung.

Wirkung

Den Rosen wird ein besonderes Augenmerk zuteil. Das liegt an der Präsentation. Inmitten des sie begleitenden, holzigen Gerüstes strahlen sie ihren ganz eigentümlichen Charme aus. Sie werden in ihrer Entfaltung nicht eingeengt oder gemindert, sondern stellen sich wie auf einer Bühne

Weihnachtlicher Sternstrauß.
Eine Sternform mit einem gespannten Fadengitter ermöglicht es, Blumen und anderen Gestaltungsmitteln eine bestimmte Position zu geben.

als Akteure zur Schau; und so wird ihnen auch die verdiente Bewunderung zuteil.

Weihnachtlicher Sternstrauß

Zu einem Gerüst aus Pflanzenteilen, das dem momentanen Trend in der Floristik entspricht, gibt es viele Alternativen.

Eine hübsche Gestaltungsidee lässt sich mit einer Halterung in Sternform umsetzen. Eine solche oder ähnliche Form ist im Angebot von Fachgeschäften oder Spezialabteilungen für Wohnaccessoires zu finden.

Eine unregelmäßige Drahtfigur, als Stern geformt, ist so mit goldfarbenen

Fäden umwickelt und bespannt, dass ein nutzbares Gitter entsteht. Es kann in gleicher Weise in eine Gestaltung einbezogen werden, wie das Gefüge aus Trieben der Kletterhortensie.
Gefäß: Frei nach Wahl.
Pflanzliches: Christrosen, Efeuranken, Hagebutten, Kiefernspitzen.
Floristisches Zubehör: Schablonenartiger Stern aus Draht mit einem Fadengitter bespannt, angedrahtete Zimtstangen und Orangenscheiben (siehe Abbildung Seite 30).
Technische Hilfsmittel: Messer, Kneifzange oder Seitenschneider, Stützdraht von 0,8 mm Stärke, Bast.

Vorbereitung

- Alle frischen Pflanzenteile anschneiden und vor der Verarbeitung für mindestens eine Stunde ins Wasser stellen.
- Zwei bis drei Zimtstangen und zwei Orangenscheiben mit 0,8 mm starkem Stützdraht einzeln andrahten.
- Alle Gestaltungsmittel griffbereit auf den Arbeitstisch legen.
- Bastfaden bereithalten.
- Wasser in das Gefäß füllen.

Ausführung

Die Sternform mit dem Fadengitter gestattet es, auf ein zusätzliches Andrahten dieses Gerüstes zu verzichten. Brauchte das Zweiggefüge aus dem vorangegangenen Beispiel einen Haltegriff aus zwei Steckdrähten, so ist dies bei einem so leichten und flachen Gebilde wie dem Stern nicht notwendig.

Der Stern wird einfach mit seinem Fadengitter auf die halbgeöffnete linke Hand gelegt, wobei die rechte nun sorgfältig alle bereitgelegten Gestaltungsmittel zwischen die Fäden hindurchführt. Die linke Hand umschließt sodann alle Stiele, die in paralleler Anordnung in ihr zusammenlaufen.

Die Position des Sterns ist nun fest und nicht mehr zu verschieben. Ein Bastfaden wird unterhalb der Sternfläche mehrmals um die Stiele geführt, behutsam fest angezogen und verknotet.

Wirkung

Wie auf einem Teller erscheinen die zusammengefügten Gestaltungsmittel. Wichtig ist, dass der Stern in seinem Umriss sichtbar bleibt und nicht von Blüten, Blättern oder floristischen Ergänzungen zugedeckt wird. Er ist neben den Christrosen ein besonders aussagekräftiges Symbol in diesem Gebinde, das auf Weihnachten verweist und festliche Atmosphäre ausstrahlt.

Gefächerter Strauß

Exakte Symmetrie zeichnet die Fächerform aus, exaktes Gestalten ist daher eine Grundvoraussetzung für das Gelingen dieses Werkstückes.

Weidenruten kann man so biegen, dass sie die Grundform eines Fächers ergeben. Ist solch eine Konstruktion geschaffen, lassen sich ausgewählte Blumenarten einfügen und befestigen

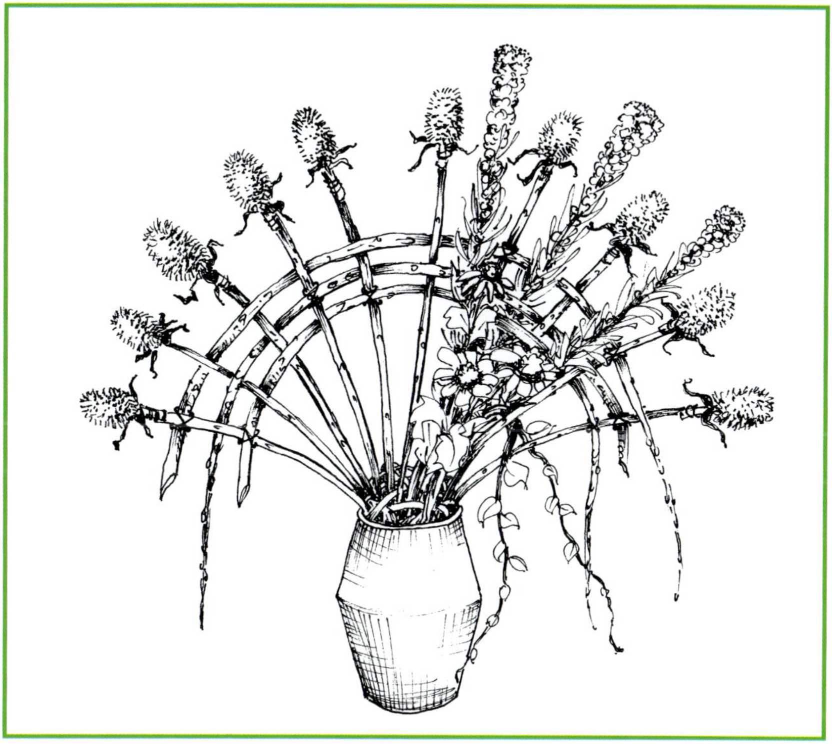

Aus biegsamen Weidenruten entsteht eine Fächerform, die durch ein Rutengeflecht in der Vase gehalten wird. Ranken, lange Blätter und auch Bänder können zwischen den Ruten hindurchgeführt werden und ein schmückendes Flechtwerk darstellen.
Die Rutenenden werden zum Beispiel mit Holzkugeln, Mohnköpfen oder, wie hier, mit Kardendistelköpfen abgeschlossen. Stellt man frische Blumen dazu, wie im rechten Teil der Abbildung begonnen, müssen die flache Fächerform, der Rhythmus und die Symmetrie erhalten bleiben.

Gespreizte Weidenruten
Benötigt wird ein Bündel fast gerade gewachsener Weidenruten. Diese können, wie ein Strauß, spiralig zusammengebunden und in ein passendes Gefäß gestellt werden. Quergelegte Ruten sollen die einzelnen Weidentriebe aus ihrer spiralförmigen Anordnung in eine Position bringen, die den Rippen eines Fächers gleicht. Dazu werden die Ruten in gleichmäßigen Abständen mit Bast, farbiger Wolle oder Hanfgarn an den horizontal angelegten Weidentrieben befestigt. Die natürliche Elastizität führt dazu, dass sich eine wohlgeformte, beab-

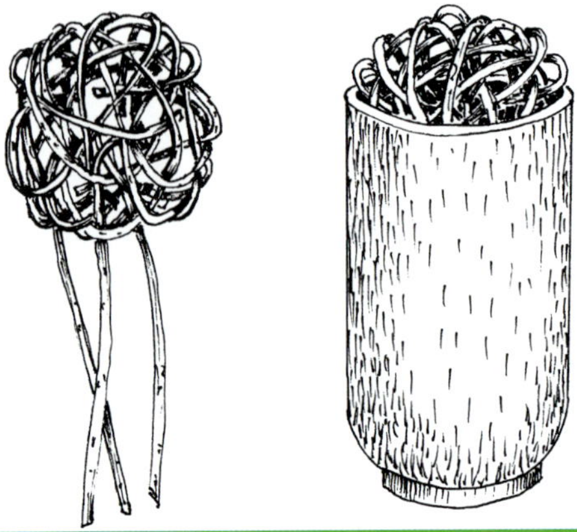

Zur Kugel geformte Weidenruten sind wie das Maschendrahtknäuel eine gute Stellhilfe für Schnittblumen und Zweige. Damit sie nicht zu tief in die Vase gedrückt werden, stützen ein paar lange Ruten ab.

sichtigte Biegung einstellt. Die Spitzen der Ruten können verziert werden. Getrocknete Mohnköpfe, frische Hagebutten oder dicke, farbige Holzperlen sind Schmuckwerk für eine extravagante Ausführung.

Natürlich Gewachsenes gibt Halt

Die Elastizität der Weide kann auch dazu dienen, eine organische Steckhilfe zu schaffen. Diese stoffliche Wiederholung in der Basis steht der Gesamtgestaltung gut zu Gesicht, so dass auch hier die funktionale Steckhilfe mit in die Gestaltung eingeht.

Hier können die Ruten unterschiedlich stark sein, wobei die stärkeren bessere Stabilität versprechen. Wie zum Knäuel geformt, werden die Weidenzweige in das Gefäß gedrückt, wo sie sich gegenseitig stützen und durch die Vasenwand Stabilität erhalten. So garantieren sie den darin eingesteckten Blumenstielen festen Halt.

Vergleichbar ist eine solche technische Hilfe mit dem Einsatz von Maschendraht (siehe Foto Seite 3), der mit seinen Löchern Nischen anbietet, zwischen die gesteckt werden kann.

Ausgewählte Blumenschönheiten

Für ein besonderes Gebinde sollten die Blüten gut ausgewählt werden. Langstielige Lilien, *Liatris*, Rosen, Nelken, Zinnien oder Tulpen kommen in einer solchen Gestaltung gebührend

Gebundener Herbstkanz.
Gut sortiert und übersichtlich sollte das Bindematerial griffbereit liegen.

zur Wirkung. Die Blumenauswahl wird der Jahreszeit gemäß getroffen, sie kann sich aber auch allein an Blütenfarben oder -formen orientieren.

Bei einem dekorativen Blumenschmuck, der von klarer Symmetrie geprägt ist, sollte die Plazierung jeder Blüte mit Bedacht und Sorgfalt erfolgen.

Der Kranz

Zum Arbeiten braucht man ausreichend Platz – das ist eine Grundforderung bei allem binderischen Tun.

Beim Kranzbinden ist aber auch die Höhe der Arbeitsfläche wichtig, denn ein solches Werkstück wird auf dem Tisch aufliegend gearbeitet. Um Rückenverspannungen vorzubeugen, sollte die Arbeitsfläche so hoch sein, dass man den Oberkörper beim Binden nicht krümmen muss.

Als Werkzeuge benötigt man Rosenschere, Drahtschneider und Messer. Wickeldraht ist zum Kranzbinden das ideale Hilfsmittel; Schnur oder Bast sind eher ungeeignet. Nur Draht lässt sich wirklich fest anziehen und legt sich dabei eng an das Bindematerial an.

Der Anfang des Kranzbindens ist gar nicht schwer. Zur Vorarbeit gehört, dass alle Zutaten in passender Länge und Größe bereit liegen. Ungefähr 10 cm lang sollten

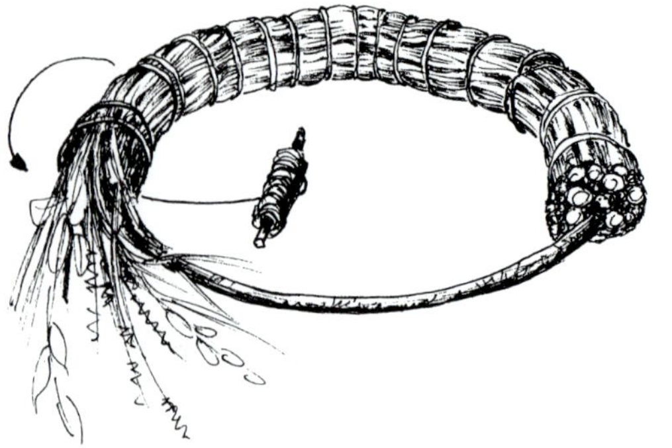

Das Binden eines Wulstringes als Kranzunterlage aus Stängelresten, Koniferenzweigen, Stroh oder Heu auf einen Weidenreifen erfordert Augenmaß und Handfertigkeit, ist aber leicht erlernbar.

die Pflanzenteile sein, etwas länger für die äußere, etwas kürzer für die innere Rundung. Verzweigte Stiele sollten so beschnitten sein, dass sie in gewünschter Größe erscheinen.

Griffbereit, übersichtlich und gut sortiert gehören die Gestaltungsmittel auf den Arbeitstisch.

Eine vorgefertigte Unterlage aus Stroh ermöglicht eine gute Formgebung des Kranzes. Solche Unterlagen gibt es zu kaufen oder sie können mit Hilfe eines Weidenreifens bequem selbst hergestellt werden (siehe Abbildung 15a).

Bei der Verarbeitung frisch geschnittener Blüten und Fruchtstände ist damit zu rechnen, dass die Stiele durch Wasserverlust noch schrumpfen. Deshalb sollten die Drähte auf der Rückseite des Kranzes einige Tage nach dem Binden etwas nachgezogen werden. Das geschieht durch einfaches Verdrehen des Drahtes zu einer Öse, die an den Kranzkörper gedrückt wird. Hier zeigt sich ein weiterer Vorteil, wenn Draht zum Binden verwendet wird.

Kranzunterlagen

Kranzkörper aus Stroh, Trockensteckmasse, Styropor, Pappe oder aufgeschäumter Sägemehlmasse sind im Handel erhältlich. Sie können aber auch selbst gefertigt werden.

Um einen Draht- oder Weidenreifen wird ein Wulst geformt, der einen plastischen Kranzkörper entstehen lässt. Als Wulstmaterial eignen sich trockene Halme, Stiele und Zweige, die anders nicht mehr verarbeitet werden können; aber auch Heu, Stroh, längere Kiefernnadeln, Fichtenreisig, Pappe und Papier oder ange-

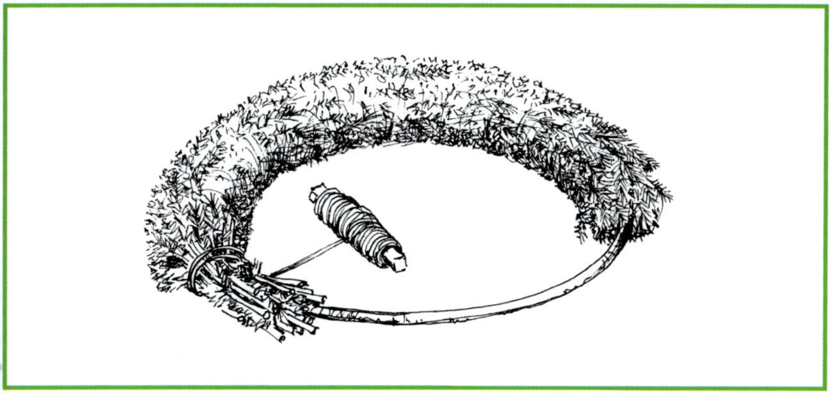

Beim Binden eines Fichtenkranzes auf einen Weidenreifen werden die Zweigspitzen recht kurz gehalten und festgebunden. So erfasst der Wickeldraht auch benadelte Triebe, wodurch ein kompakter Wulst unter den Fichtenspitzen entsteht. Das ist vorteilhaft für die weitere Einarbeitung von Schmuckmitteln.

trocknete Blätter können verwendet werden. Fest angedrückt, wird dieses Material mit Wickeldraht auf einen Kranzreifen aufgebunden.

Ein solcher Kranzkörper besitzt einen vorgegebenen Umriss, der durch enges Anlegen der Gestaltungsmittel streng nachgebildet werden kann oder in lockerer Anordnung auch üppige Ausarbeitungen zulässt.

Der gehaftete Kranz

Kranzgrün läßt sich anstelle des Bindens mit Wickeldraht schnell auf eine Strohunterlage stecken. Drahthaften dienen als Hilfsmittel. Oftmals weist ein gehafteter Kranz einen exakteren Umriss auf als ein gebundener.

Getrocknete Pflanzenteile, die zum Teil ungestielt und sehr zerbrechlich sind, lassen sich mit dieser Methode bestens verarbeiten. Sollten sie bei Gebrauch zu zerbröseln drohen, ist es ratsam, sie zuvor mit Wasser zu bestäuben, damit die Oberflächen durch die Benetzung ein wenig aufweichen. Man kann sie auch nachts an einen geschützten Ort ins Freie legen, damit die Luftfeuchtigkeit das Trockenmaterial wieder elastischer macht. Hortensienblüten werden beim Trocknen sehr brüchig und sind für eine solche Behandlung dankbar.

Einzeln oder zu Büscheln zusammengefasst, drückt die linke Hand den Werkstoff auf die Unterlage; die rechte fixiert ihn mit Hilfe einer entsprechend großen Hafte.

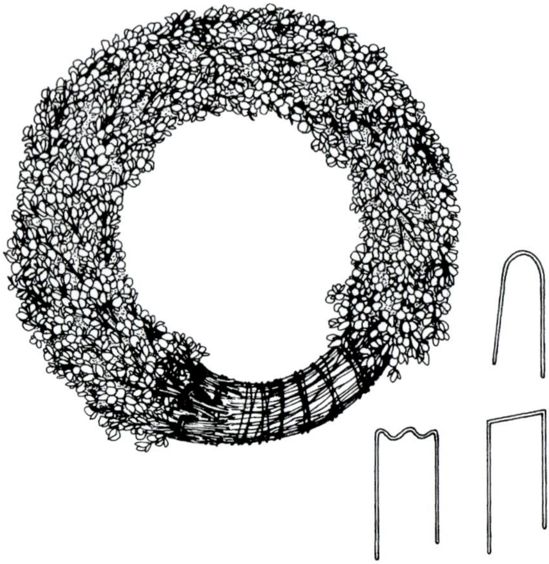

Durch Haften auf einer Unterlage wird eine saubere und exakte Kranzform erzielt. Der Werkstoff wird wie beim Binden angelegt.

Stimmungsvoller Herbstkranz

Wenn im Hochsommer die leuchtenden, strahlenden Farben der Natur zu glühen beginnen, kündigt sich der Herbst an.

Sattgelbe Getreidefelder sind eindrucksvolle Boten dieser fortgeschrittenen Jahreszeit. Überall in der Natur sind Früchte und Samen herangereift, viele Sommerblumen blühen nur noch eingeschränkt oder haben die Blüte bereits beendet. Nun hält der Herbst seine reichhaltige Palette an reizvollen Pflanzen bereit.

Blüten-, Frucht- und Samenstände dieser Jahreszeit sind geeignete Gestaltungsmittel für ein stimmungsvolles Herbstgebinde.

Ein Kranz wird stets links beginnend, gegen den Uhrzeigersinn gebunden.

Gestaltungshilfsmittel: Kranzunterlage aus Stroh, Durchmesser 40 cm.
Pflanzliches: verschiedene Getreidearten (Hafer, Weizen, Roggen), Schoten einer Wickenart, Ebereschenfruchtstände, noch grüne Haselnüsse, Früchte vom Schneeball (*Viburnum*), Hagebutten der großen Kartoffelrose (*Rosa rugosa*) und gelbe Schafgarbe.

Technische Hilfsmittel: Messer, Rosenschere, Wickeldraht.

Vorbereitung

- Arbeitstisch auf eine gute Arbeitshöhe bringen (Erhöhung erreicht man durch Backsteine oder Holzklötze).

Gebunden wird von innen nach außen; die rechte Hand führt den Draht und legt die Schmuckbüschel an, die linke hält Kranzwulst und Schmuckmittel fest.

- Wickeldraht gut am Kranzkörper befestigen: Ein Stück Draht abwickeln, von unten um den Strohreifen führen und oberhalb mehrmals miteinander verdrehen; zweimaliges Wickeln um den Wulst garantiert eine absolut feste Anbringung.
- Die Gestaltungsmittel sortiert und in passender Länge griffbereit auf dem Arbeitstisch bereitlegen.

Ausführung

Gewickelt wird stets von innen nach außen, von der Kranzmitte zur Außenseite. Die rechte Hand führt den Draht und legt die Pflanzenbüschel an; die linke hält den Kranz und die angelegten Gestaltungsmittel fest.

Während des Bindens bleibt die linke Hand am Kranzkörper und umfasst diesen mit allen Fingern von unten. Der Daumen befindet sich oberhalb und hält die Werkstoffe fest.

Von innen nach außen werden die Gestaltungselemente angelegt und mit Draht fixiert. Das geschieht durch ein- bis zweimaliges Umwickeln, wobei der Draht stets fest angezogen wird.

Die zuerst angelegten Pflanzenteile werden zum Schluss jene sein, unter denen die zuletzt angelegten Stiele den Abschluss bilden. Man beginnt den Kranz daher mit etwas längeren, überlappenden Partien, die Stiele und Draht des Kranzendes kaschieren sollen.

Das letzte Büschel, mit dem die Kranzform endgültig geschlossen wird, hat kürzere Stiele, damit es sich unter den Anfang fügen lässt. Die Anfangsbüschel werden etwas nach oben gebogen, damit die letzten Stiele darunter verschwinden können. Der Draht wird dabei zur sicheren Befestigung zweimal herumgeführt.

Abschließend legt man den Kranz mit der Oberseite auf die Tischfläche, um den Draht abzuschneiden und zu fixieren.

Ungefähr 10–15 cm lang sollte das Drahtende sein, damit es zur Befestigung unter den Drahtschlaufen hindurchgezogen werden kann. Das spitze Ende wird in den Kranzkörper gedrückt, damit ein sauberer Abschluss entsteht; gleichzeitig wird gewährleistet, dass durch den Draht nichts verkratzt wird.

Wirkung

Mit Einsetzen des Spätsommers begegnen uns immer mehr gebrochene Gelb- und Rottöne in der Natur. Diese harmonische Farbenlandschaft ist in vielen Blüten- und Fruchtständen wiederzuentdecken, die in dem gebundenen Kranz zur Geltung kommen. Die Wärme dieser Jahreszeit wird spürbar in den Farben der Gestaltung.

Als stimmungsvoller Gruß an die Wand oder an die Tür gehängt, benötigt der Kranz weder Band noch Kordel oder Strick. Sollte dies dennoch gewünscht sein, empfiehlt sich eine rustikale Aufhängung: Rupfenband, stumpf erscheinende Baumwoll- oder Hanfkordel sowie Kokosstrick sind geeignet.

Auf einen langen Nagel gehängt, ist die Wirkung des Kranzes optimal, da sich dann die Frucht-, Blatt- und Blütenformen pur präsentieren.

Liegt der Kranz als Tischschmuck auf einem groben Leinentuch oder einer schön gemaserten Holzplatte, kann man mit den Augen in Gedanken eine bezaubernde Herbstlandschaft durchwandern.

Hinweis

In einem dekorativen Herbstkranz lässt sich alles Pflanzenmaterial verarbeiten, das zum Teil oder bereits völlig getrocknet ist oder das frisch geerntet ist und nun im Kranz eintrocknen kann.

Ein biegsamer Draht ist das innere Gerüst für einen Kopfkranz. Von der vorderen Mitte aus werden die Blüten, Blätter und fein beblätterten Zweiglein zu beiden Seiten hin mit Myrtendraht aufgebunden. Eingearbeitete Bänder halten den offenen Kranz hinten in passender Größe zusammen.

Blumiger Kopfkranz

Je zierlicher ein Gebinde ist, desto sorgfältiger muss die Ausführung sein. Fingerspitzengefühl und besondere Behutsamkeit ist beim Umgang mit filigranen Pflanzenteilen vorteilhaft.

Auch hier gilt die Erkenntnis, dass nur durch wiederholtes Üben Fertigkeiten erlangt und verbessert werden. Ist die technische Vorgehensweise bekannt, lassen sich schnell Unsicherheiten ablegen, und Freude am Ausprobieren stellt sich ein.

Formgebung durch Draht

Mit Draht wird gewickelt und auf Draht wird gebunden. Dabei muss jeweils der richtige Draht verwendet werden.

Ein weicher Steckdraht von 0,9 - 1,2 mm Stärke bildet die Unterlage, worauf die Pflanzenteile gebunden werden. Die richtige Drahtlänge erhält man beim Maßnehmen des Kopfumfanges. Es gibt geschlossene Kränzchen, aber auch solche, die hinten offen sind und mit Bändern zusammengebunden werden.

Sollte ein Steckdraht nicht ausreichen, wird dieser durch paralleles Anlegen eines zweiten verlängert. Die aneinandergelegten Drähte werden insgesamt mit Kautschukband umwickelt (siehe Seite 12), so dass keine störende Verdickung wahrzunehmen ist. Die beiden Drahtenden biegt man zu Ösen um, damit ein stabileres Ende entsteht.

Zum Wickeln wird grüner Myrtendraht verwendet. Er ist dünn wie Garn, elastisch und anschmiegsam. Man erhält ihn im Blumenfachgeschäft oder in Bastelabteilungen.

Zur besseren Handhabung wird Myrtendraht von der Originalrolle auf ein kurzes, dünnes Holz gewickelt. Das hat zwei Gründe: Der eng aufgespulte, feine Draht springt leicht von der Rolle und verhakt und verknotet sich schnell. Wickelt man jedoch den Draht auf einen Holzstiel, wird dieses Ärgernis vermieden und ein reibungsloser Arbeitsablauf ermöglicht.

Ein Kranz mit zwei Anfängen

Der gewünschten Symmetrie wegen wird in der Mitte des Drahtes mit dem Binden begonnen.

Auch hier gilt es, zuvor alle Blüten, Blätter und Ranken geordnet und griffbereit auf den Tisch zu legen. Übersicht erleichtert jede Arbeit. Der Myrtendraht wird als erstes am dünnen Drahtbügel durch mehrmaliges Umwickeln befestigt. Dann kann mit dem Anlegen der Pflanzenteile begonnen werden. Auch hier wird der Draht von rechts unten nach links oben geführt. Die linke Hand hält die angelegten Blüten und Blätter am Drahtbügel.

Wird ein offener Kopfkranz gebunden, der an den Enden mit einer Schleife versehen ist, müssen die Schleifenbänder rechtzeitig fest mit eingebunden werden. Das hat außerdem den gestalterischen Vorteil, dass der Bandansatz nicht sichtbar ist, da er nicht angeknotet werden muss.

Ist eine Kranzhälfte fertig, wird, von der Mitte ausgehend, mit der zweiten Hälfte begonnen. Die beiden Abschlüsse sollten mit Blattpartien auslaufen.

Die eingearbeiteten Bänder erweisen sich erst dann als besonders schmückend, wenn sie, zur Schleife gebunden, großzügig lang am Hals enden oder über die Schulter fließen. Dabei kann jedes der Schleifenbänder gut 1 m lang sein.

Haken und Öse

Auch ohne Bänder kann ein offener Kranz geschlossen werden. Die beiden Enden des Drahtes können als Haken und Öse ausgebildet werden. Zu diesem Zweck muss der Draht so lang bemessen sein, dass die beiden Enden umgebogen werden können. Mit einer Flachzange ist dies mühelos möglich.

Haken und Öse sollte man zu Anfang formen. Dann kann man ihre

Funktion erproben, ohne dass empfindliche Blumen Schaden nehmen.

Die aufgebundenen Gestaltungsmittel müssen so lang sein, dass sie die Drahtenden kaschieren. Eine sichtbare Arbeitstechnik würde beim Kopfschmuck stören. Auch beim Tragen darf ein solcher Verschluss selbstverständlich nicht stören. Das ist bei einer Anprobe zuvor ebenfalls zu berücksichtigen.

Geschlossener Blütenkranz

Ein Kopfschmuck kann auch als geschlossener Blütenkranz gearbeitet werden. Dazu wird ein Drahtring geformt, der dem Kopfumfang angepasst ist. Ein ausreichend langer oder ein aus zwei Abschnitten zusammengesetzter Draht wird an seinen Enden übereinandergelegt und vollständig mit Kautschukband umwickelt. Mit dem Aufbinden der Gestaltungsmittel wird verfahren wie bei jedem anderen Kranz, nur in zierlicherer Form.

Behutsames und sorgfältiges Frischhalten

Immer, wenn Schnittblumen verarbeitet werden, ist darauf zu achten, dass sie zuvor gut gewässert wurden. Muss ein Kränzchen vor dem Tragen noch aufbewahrt werden, sollte die Aufbewahrung sehr sorgfältig erfolgen.

Da die Blumen sehr kurz geschnitten sind, ist die Verdunstungsfläche so stark reduziert, dass wenig Transpiration stattfindet. Die Blume bedarf kaum einer Wasseraufnahme. Das Aufbewahren an einem kühlen Ort kann bereits ausreichen. Dennoch ist eine minimale Wasserversorgung sicherer.

Mit einem Wasserzerstäuber können die Pflanzenteile angesprüht werden. Dabei ist jedoch zu beachten, dass es empfindliche Blüten gibt. Das Kränzchen wird dann in eine dichte Plastiktüte gelegt, die wie ein Luftballon aufgeblasen und mit einem Gummiband verschlossen wird. Nun befinden sich die Pflanzenteile in einem feuchten Kleinklima, was ihrer Haltbarkeit zugute kommt.

Auch auf einen mit Wasser gefüllten Teller gelegt, lässt sich ein solch empfindliches Gebinde aufbewahren. Bei der Verwendung von Band ist besondere Vorsicht nötig, damit es nicht nass wird und abfärbt.

Feuchtes, weiches Küchenpapier kann ebenfalls über die Blumen gelegt werden. Es hält ungünstige Temperaturen ab und schützt ebenfalls vor Verdunstung.

Auch nach dem Tragen des Kranzes sind solche Aufbewahrungspraktiken empfehlenswert. Oft wird jedoch ein Kränzchen zum Trocknen an einen Ort gelegt, an dem es noch lange schmückt und an den besonderen Anlass erinnert.

Die Girlande – ein besonderer Festschmuck

Die Girlande zählt zu den Werkstücken, die für ganz spezielle Anlässe gefertigt werden.

Als Schmuck um Türeinfassungen oder an Fassaden kündigt sie schon von weitem ein besonderes Ereignis an. Zu Weihnachten begegnen uns Girlanden häufig in Form von Wand-, Kamin- oder Fensterschmuck. Sie dienen aber auch als festlicher Willkommensgruß an Hauseingängen, etwa bei Hochzeiten und Jubiläen.

Als Tischschmuck kann eine Girlande gleichfalls Verwendung finden. Sie ist hier sogar ein ganz besonderes Schmuckstück.

Rund oder halbrund

Die Form einer Girlande kann recht unterschiedlich sein. Nur wenn sie frei hängen soll, wird sie rundum gebunden, vergleichbar mit einem vollrunden Kranz, bei dem die Pflanzenteile allseitig um den Wulst oder Reifen gelegt und mit Draht festgebunden werden, wie beim frei hängenden Adventskranz.

Meistens jedoch wird eine Girlande nur einseitig, also halbrund gebunden. Das spart Material, und wenn die Girlande aufliegt, kommt sowieso nur eine Seite zur Wirkung.

Immer der Schnur entlang

Die Herstellungstechnik einer Girlande gleicht etwa der von Kränzen. Man kann die Girlande als offene Kranzform betrachten, allerdings nur, wenn sie in eine Richtung gebunden wird. Würde man ihre Enden zusammenfügen, ergäbe sich ein Kranz.

Ein starker Sisal- oder Kokosstrick bildet den Kern der Girlande. Dieser wird vor der Verarbeitung in Wasser eingeweicht, damit er sich später beim Binden nicht ausdehnt und verlängert.

Meist werden zum Binden von Girlanden immergrüne Gehölze verwendet. Kiefern-, Tannen- oder Fichtenzweige, Buchsbaum, aber auch Eichenlaub sind bevorzugte Werkstoffe. Koniferen, die im späten Frühjahr austreiben, sind zu diesem Zeitpunkt nicht besonders geeignet, da die frischen grünen Spitzen noch sehr weich sind und rasch welken. Auch Laub sollte nur in ausgereiftem Zustand verarbeitet werden.

Die Girlande wird wie der Kranz mit Wickeldraht gebunden. Die nötige Stricklänge wird zunächst abgemessen. Dem Maß wird 10 % hinzugerechnet; das entspricht der Minderung der Länge durch das Binden sowie dem Anteil für Abschlußknoten oder Schlaufen. Für eine normale Tür ergeben sich dabei ungefähr 3,50 m Stricklänge.

Die Girlande ist meist ein symmetrisches Gebinde. Ihr Verlauf sollte gleichförmig und gleichmäßig sein. Die Girlandenmitte, die meistens waagrecht hängt, kann dekorativ verdickt sein.

Gebunden wird, an den Strickenden beginnend, zur Schnurmitte hin, wo sich beide Girlandenhälften schließlich begegnen.

Patente Hilfen

Der abgemessene Strick erhält auf halber Länge einen Knoten, um die Mitte zu markieren. An dieser Stelle sollen beide Girlandenteile aufeinandertreffen und ineinander übergehen.

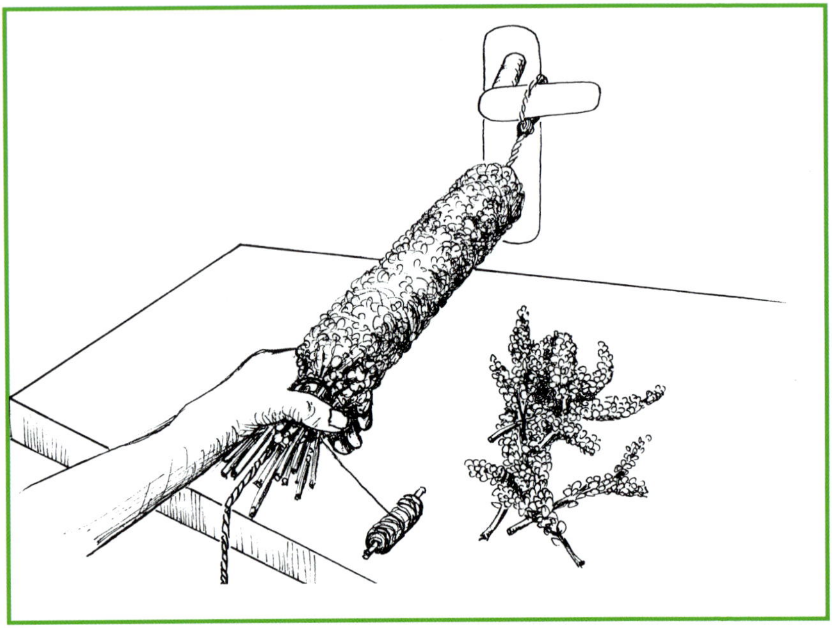

Der kleinblättrige Buchsbaum ermöglicht die Fertigung einer dichten, formklaren Girlande. Die rechte Hand legt die Zweige büschelweise an und wickelt sie von rechts nach links fest, die linke hält die Zweigspitzen in der richtigen Lage fest.

Die Zweige werden je nach Girlandenstärke und -länge zurechtgeschnitten, ohne viel Abfall zu erzeugen. Eine Zweiglänge von etwa 20 cm ist üblich.

Jedes Schnurende erhält eine geknotete Schlaufe, die an einem Haken am Bindetisch befestigt werden kann. So kann der Strick straff gehalten werden, was das Binden erleichtert und beschleunigt.

Jetzt kann der Wickeldraht etwa 20 cm unterhalb der freien Schlaufe befestigt werden, und das Binden kann beginnen.

Ausführung

An den Strickenden wird mit dem Anlegen des Grüns begonnen. Schöne, lange Spitzen werden ausgewählt, da diese Partie jeweils den Abschluss zu beiden Seiten bildet.

Wie beim Kranzbinden wird auch hier der Draht von rechts außen über das angelegte Grün nach links geführt und unterhalb des Strickes nach rechts zurückgeführt. Dabei wird er stets ordentlich fest angezogen, damit bei der schweren Girlande später nichts verrutscht. Im Kern der angelegten

Zweige sollte stets ein längerer Zweig mit eingebunden werden, damit das Grün gleichmäßig anliegt und nicht einzelne Zweige nach außen kippen, wenn die Girlande aufgehängt wird.

Auf diese Weise wird bis zum Knoten in der Strickmitte verfahren.

Nun wird am anderen Ende erneut mit dem Binden begonnen, ebenfalls bis zur Mitte. Auf diese Weise entsteht eine symmetrisch gestaltete Girlandenform.

In der Girlandenmitte werden abschließend angedrahtete Grünbüschel durch behutsames Stecken in der Girlande befestigt. Sie kaschieren den Drehpunkt und betonen die Mitte, aus der beide Seitenpartien abfließen.

Die richtige Befestigung

Zur Umkränzung von Türen werden oberhalb der Zarge fünf Nägel ins Mauerwerk geschlagen. An diesen wird die Girlande mit Hilfe von Wickeldraht oder Steckdrähten aufgehängt. Der Draht wird zwischen das gebundene Grün gezogen und um die Nägel verdreht.

Die Nägel sollten so tief eingeschlagen sein, dass sie dem Gewicht der Girlande genügen. Erhält die Girlande noch zusätzliche Schmuckelemente, ist die hinzukommende Belastung mit einzukalkulieren.

Um eine solche Umkränzung symmetrisch gleichförmig auszurichten, empfiehlt es sich, sie einige Male mit Abstand zu betrachten und dann gegebenenfalls Korrekturen vorzunehmen.

Wirkung

Bereits in ihrer schlichten grünen Erscheinungsform besitzt eine Girlande Ausdrucksstärke. Das strotzende, frische Grün vermittelt ohne dekorative Zutaten eine festliche Atmosphäre. Die Sorgfalt und der Arbeitsaufwand verleihen ihr besonderen Wert und eine gewisse Kostbarkeit.

Winden

Gewundenes: Kränze, Girlanden, freie Formen

Von Goethe stammt der Ausspruch: »Die Pflanze gleicht den eigensinnigen Menschen, von denen man alles erhalten kann, wenn man sie nach ihrer Art behandelt.«

Wer mit Pflanzen gestaltet, kann diese Gedanken nachvollziehen und verinnerlichen. Wenn wir die Natur richtig wahrnehmen und bewusst beobachten, können wir uns nicht über die vielfältigen Erscheinungsformen der Pflanzenwelt hinwegsetzen.

Der handwerkliche Bereich des Windens lässt die größte Freizügigkeit beim Gestalten zu. Wenn wir unser Wissen um Wuchshaltungen und Bewegungsrichtungen konsequent umsetzen, kann jede natürliche Besonderheit in ihrer Eigenwirkung und Eigenart erscheinen. Es ist schon eine Kunst, den naturgegebenen Reiz der Pflanze ästhetisch zur Geltung zu bringen.

Mit der Technik des Windens lässt sich vielseitig gestalten, wo so viel wie nötig und so wenig wie möglich mit technischen Hilfsmitteln gearbeitet wird. Gewundendes, Verschlungenes, Verflochtenes und Verwachsenes lässt sich in vielerlei Formen der Binderei umsetzen.

Farbliche, stoffliche und formale Eigenschaften bestimmen jede Gestaltung. Filigrane, transparente Elemente sollten daher nicht durch schwere Beifügungen in ihrer Aussage gestört werden.

Gewundene Kränze können in vielfältiger Ausführung entstehen. Kreisförmige und ineinandergefügte Pflanzenteile verbinden sich miteinander (Seite 150, 154).

Gewundene Girlanden stellen naturgegebene Charaktereigenschaften von bestimmten Pflanzen heraus. Linienspiel und fließende Bewegungen vereinen sich zu einer Gesamtgestaltung (Seite 162).

Auch bei allen freien Formen bilden Pflanzencharaktere die Grundlage der Gestaltung. (Seite 159).

Einen kleinen Einblick in dieses interessante und breitgefächerte Betätigungsfeld versuchen die nachfolgenden Beschreibungen zu vermitteln.

Frühlingszauber

In den noch recht kalten Vorfrühlingsmonaten werden viele Gehölze geschnitten. An Straßenrändern in Gärten und Weinbergen liegt vielerorts der Baumschnitt. Geschnittenes Rebholz darf oft aufgesammelt werden.

Bizarre, gebrochene Bewegungen kennzeichnen das spröde Rebholz. Schon beim Anheben fällt auf, wie die Triebe ineinander verhakt, ja regelrecht verwachsen sind. Diese Beobachtung lässt sich bei einer Gestaltung umsetzen und auch ausnutzen.

Man kann ein Spiel mit Formen und Bewegungen durchführen. Ineinandergesteckt und -gewunden ist aus dem Holz schnell ein grober Umriss in Kreisform geschaffen.

Als schlichter Wandschmuck ist ein Kranz, aus Reben geformt, denkbar schön. Draußen an der Hauswand kann er das ganze Jahr über erfreuen. Aufgrund seiner holzigen Beschaffenheit kann er dem Wetter ausgesetzt werden, ohne dass er unansehnlich wird. Im folgenden Beispiel erhält der Kranzkörper blumige Begleiter und frische, grüne Efeu- und Immergrün-Ranken.

In die Freiräume, die der gewundene Kranz lässt, können blühende Akzente gesteckt werden. Dies müssen dabei nicht immer Schnittblumen sein.

Zwiebelblumen mit ausgewaschenen Wurzeln, seien es nun unterschiedliche Narzissensorten, Hyazinthen, Krokusse, Schneeglöckchen oder Tulpen können als kostbare Besonderheiten in den Kranz eingefügt werden.

Auch ohne Wasserversorgung können sie lange erfreuen. Die Zwiebel, gibt ausreichend Reserven ab und versorgt Blüte und Blätter. Es ist reizvoll und recht anmutig, eine Blume in ihrer Gesamtheit zu präsentieren und sie so in ihrer Vollkommenheit betrachten zu können.

Da auch abgeschnittene Pflanzenteile in dieser Gestaltung verwendet werden, kann hier nicht auf Wasser verzichtet werden. Die fedrigen Samenstände der Küchenschelle würden zwar beim Eintrocknen erstarren und dabei nicht ihre Schönheit einbüßen, doch sollten Efeu und Immergrün (*Vinca*) unbedingt mit Feuchtigkeit

Frühlingszauber.
Rebholz, zu einer geschlossenen kreisrunden Form gewunden, bietet in den Nischen Zwiebelblumen Halt. Die Zwiebeln werden vorher sauber ausgewaschen.

versorgt sein. Auch die Lebensdauer der Narzissen wird verlängert, wenn ihre Wurzeln ins Wasser reichen.

Der Kranz liegt auf einem rustikalen Terrakotta-Teller. Ein solches Tongefäß passt stofflich und charaktermäßig hervorragend zu einer derartigen Naturstudie. Farblich untergeordnet und in der Form angepasst, erfüllt die Schale ihren Dienst und trägt so zu einer gelungenen floristischen Komposition bei.

Die Blumenzwiebeln müssen mit äußerster Sorgfalt ausgewaschen werden, um eine Verunreinigung des Wassers zu vermeiden. Auch bei den abgestorbenen, trockenen Pflanzenteilen von Kletterhortensie und China-Schilf (*Miscanthus*) ist darauf zu achten, dass nichts davon abbröselt und dann im Wasser schwimmt.

Gefäß: Großer, flacher Terrakotta-Teller oder Blumenuntersetzer von 60 cm Durchmesser.

Pflanzliches: Ausgelichtetes Rebholz vom Frühjahrsschnitt aus Weinbergen, kleinblumige und kurzstielige Narzissen mit ausgewaschenen Zwiebeln, Fruchtstände der Küchenschelle, Efeu- und Immergrünranken, trockene Blütenstände der Kletterhortensie, trockene Blätter vom Chinaschilf.

Floristisches Zubehör: Drei faustgroße Kieselsteine.

Technische Hilfsmittel: Messer, Rosenschere, Naturbast.

Vorbereitung

- Alle frischen Pflanzenteile anschneiden und vor der Verarbeitung für mindestens eine Stunde ins Wasser stellen
- Auswaschen der Zwiebelblumen: Gekaufte, eingetopfte Narzissen vorsichtig aus ihrem Topf nehmen; Narzissen im Garten werden mit einer Schaufel ausgegraben.
  Zunächst wird mit den Händen die anhaftende Erde entfernt. In einem mit Wasser gefüllten Eimer lösen sich durch leichtes Hin- und Herschwenken schnell die feineren Erdpartikel. Unter fließendem Wasser lassen sich im Waschbecken dann letzte Reste auswaschen.
- Rebholz zur Kranzform ineinanderwinden: Zunächst wird ein grober Umriss in der Größe des Gefäßbodens geschaffen. Gut 40 cm lange Rebhölzer werden mit der Rosenschere so zurechtgeschnitten, dass die Windungen nicht durch zu starke Holzteile gestört werden. Das Holz wird ineinandergefügt und verhakt. Ein kreisförmiges Gefüge ist schnell geschaffen. Auf dem Teller sollte öfter Maß genommen werden bis die gewünschte Kranzgröße erreicht ist. Dünnere Ruten lassen sich ohne zusätzliche Bastbindung bequem einpassen und schaffen eine vielschichtige Struktur, in die sich Blumen und Ranken einfügen lassen. Korrekturen zu einem wohlgeformten Umriss können mit Bast vorgenommen werden, indem man einzelne Partien aneinanderbindet. Auch wenn sich starke Verholzungen überschneiden, die besonders starr sind, wird mit Naturbastfaden fixiert. Das erleichtert das weitere Ineinanderfügen und gibt dem Grundgerüst Stabilität.
- Wasser in das saubere Gefäß füllen.

Ausführung

Der gewundene Kranzkörper wird auf den Teller gelegt und bietet mit seinen vielen Nischen und Lücken Platz für schmückende Pflanzenteile.

Die ausgewaschenen Zwiebeln fügen wir vorsichtig zwischen die Windungen, so dass ihre Wurzeln die Wasserfläche erreichen. Sollte eine Zwiebel zu tief durch das Holz rutschen, lässt sie sich einfach mit Bast an einem Gehölzteil festbinden.

Die getrockneten Blütenstände der Kletterhortensie passen besonders gut zu dem braunen Rebholz. Sie werden vorsichtig hineingesteckt und bieten mit ihrem filigran gegliederten Blütenstand eine zusätzliche Steckhilfe für alle dünnen Stiele (Seite 89).

Küchenschelle, *Vinca* und Efeuranken begleiten die hölzernen Windungen und beleben sie gleichzeitig. Die Schnittfläche dieser Pflanzenteile ragt in das Wasser, woduruch sie versorgt sind und frisch bleiben. Abgestorbene Grasblätter vom Chinaschilf liegen im zeitigen Frühjahr meistens noch im Garten, weil sie der Pflanze als Winterschutz dienten. Ihre schmalen, gebogenen Linien sind bestens geeignet, die Kranzwindung spielerisch zu unterstreichen. Ihre hellbraune Farbe passt gut zum Rebholz und den Blütenständen der Hortensie. Sie können abschließend so in die Windungen geschoben werden, dass sie den Kranz filigran und transparent überziehen und dessen Rundung betonen.

In die Kranzöffnung sind drei Steine gelegt, die beim Spaziergang durch einen Weinberg aufgelesen wurden. Auf die Steine kann man jedoch auch verzichten, gerade wenn man befürchtet, ihre starke Wirkung könnte der Zartheit der Pflanzen abträglich sein.

Wirkung

Ein lustiger, munterer Frühlingsreigen stellt sich in dieser Gestaltung dar. Die hellen und verhaltenen Farben der frühen Gartenblüher zeugen von einer ersten Frühlingslandschaft; das Erwachen in der Natur ist gut nachzuempfinden. So wie die abgestorbenen Schilfgräser im Garten noch den überstandenen Winter andeuten, zeugen sie auch in dem gewundenen Kranz vom winterlichen Vergehen, während die zarten Blüten Aufbruchstimmung vermitteln.

Die eingelegten Feldsteine wirken als neutrale Akzente, die die Erdverbundenheit betonen. Sie wirken nicht störend, sondern erscheinen als sammelnde Formen in der Gesamtgestaltung.

Von sichtbarer Leichtigkeit

Clematis-Ranken lassen sich mühelos zu einer Kranzform zusammenfügen. Ihr leichter Aufbau lässt ein transparentes Gebilde entstehen, das nahezu gewichtslos erscheint. Das hat jedoch zur Folge, dass ein solcher Körper auch nicht sehr stabil ist.

Aus diesem Grund ist ein derartiger Kranz als Wandschmuck ungeeignet, es sei denn, er wird zusätzlich verstärkt. Auf einer Fläche liegend kann ein solches Gerüst mit trockenen, bizarren Windungen dagegen wie ein gewachsener Irrgarten wirken.

Herbstfrüchte zwischen Clematis-Ranken

Rankende, windende, kriechende und schlingende Wuchsformen, alles was gemeinhin auch als »Gestrüpp« bezeichnet wird, kann für gewundene Gestaltungen verwendet werden. Naturbelassen, also ohne großartig bearbeitet zu werden, kann vielerlei Pflanzliches genutzt werden.

Ranken vom Baumwürger, von der wilden Waldrebe, oder auch der Garten-*Clematis* sind von besonders schöner und geeigneter Formgebung.

Im späten Herbst nach dem Blattfall zeigen sie ihren filigranen Pflanzenaufbau. Feinste Verästelungen, die vorher vom Blattwerk verdeckt waren, zeigen sich nun dem Betrachter.

Fruchtige Begleitung

Herbstzeit ist Erntezeit. Die Früchte sind herangereift und können geerntet werden. Es gibt viele Pflanzen deren Früchte für uns ausschließlich Schmuckwert besitzen.

Herbstfrüchte zwischen Clematisranken.
Filigrane Clematisranken sind ohne technische Hilfen zu einem Kranz geformt, der Leichtigkeit und Transparenz verspüren lässt.

Sie beleben mit ihren leuchtenden Farben die ringsum absterbende Natur. Einige dieser Vertreter sind hier zwischen den unzähligen Windungen angebracht und verleihen dem skelettartigen Kranz eine sprühende Lebendigkeit.

Weiße Schneebeeren mit ausreichend langen Stielen lassen sich zwischen den Ranken hindurchfädeln.

Wie Leuchten erscheinen die orangeroten Früchte der Lampionblume. Ergänzt werden sie durch vielzählige Hagebutten.

Immergrüner Efeu überzieht den Kranzkörper. Er folgt dem vorgegebenen Verlauf der Clematiswindungen und ergänzt die Gestaltung mit seinem Blattwerk. Auch ohne Wasserversorgung behält es lange seine dunkelgrüne Blattfarbe, die jedoch beim Eintrocknen an Intensität verliert und etwas morbide erscheint. Die Blattflächen erstarren regelrecht und rollen sich nicht ein.
Pflanzliches: Entblätterte Clematisranken, Efeuranken, Früchte der Lampionblume, Schneebeeren, Hagebutten.
Technische Hilfsmittel: Messer, Rosenschere.

Vorbereitung

- *Clematis*-Ranken mit der Rosenschere zurechtschneiden; Kranzkörper herstellen: Die elastischen Ranken mit den Händen so ineinanderfügen und verhaken, dass sie sich gegenseitig stabilisieren; den entstehenden Kranzkörper mehrmals auf den Boden legen und von oben betrachten, um besser die Formgebung kontrollieren und korrigieren zu können (der hier vorgestellte Kranz weist einen Durchmesser von 60 cm auf).
- Efeuranken und Fruchtstände sortiert und griffbereit auf die Arbeitsfläche neben den erstellten Kranzkörper legen.

Ausführung

Die Efeuranken werden so durch das transparente *Clematis*-Gefüge gezogen, dass sie wie hindurchgewachsen erscheinen. Ihre Blättchen haften fest an den Ranken und so brauchen wir auch nicht zu befürchten, dass wir sie beim Einfügen abbrechen. Ihre Blattstiele können zwischen den *Clematis*-Windungen verhakt werden, so dass die Efeuranken fest verankert sind.

Die beblätterten Triebe verleihen dem Kranzkörper zusätzliche Stabilität und ergänzen mit ihren Windungen die vielen Einsteckmöglichkeiten für die ausgewählten Fruchtformen.

Die langgestielten Schneebeeren und Hagebutten werden in der Bewegungsrichtung der Kranzform fortlaufend eingefügt. Die ledrig umhüllten Früchte der Lampionblume werden in die filigranen *Clematis*-Windungen geschoben, wo sie, wie in einem Nest, sicheren Halt finden.

Wirkung

Leichtigkeit und Transparenz kennzeichnen einen solchen herbstlichen Kranz. Die dünnen Verästelungen der filigranen *Clematis*-Ranken rufen diese Wirkung hervor, die bei der Ausgestaltung mit schmückenden Fruchtständen auch nicht überdeckt und geschmälert werden darf.

Belebt werden die braunen, dürren Triebe des Kranzes, sobald sie von den Efeuranken mit ihrem Blattgrün durchwirkt werden.

Das Weiß der Schneebeeren wirkt optisch gewichtslos und die leuchtenden Fruchthüllen der Lampionblume bezeugen gleichermaßen Leichtigkeit. In ihrer Größe entsprechen die Hagebutten den weißen Beeren und ihre Farbe ist eine Ergänzung zu den orangefarbenen Leuchtpunkten. Die Früchte harmonieren in Leichtigkeit und Transparenz mit dem durchbrochenen Kranzkörper und verdecken ihn dabei nicht, sondern bereichern ihn vielmehr.

Getrocknete Pretiosen zwischen Drahtwindungen

Draht gehört zu den wichtigsten technischen Hilfsmitteln in der Blumenbinderei. Das dieser jedoch auch als Gestaltungsmittel Geltung erlangen kann, ist mit den Beispielen auf Seite 42 und 48 bereits belegt.

Für einen gewundenen Kranzkörper werden viele, viele Meter feinen Kupferdrahtes verbraucht. Aufgespult wie Garn auf einer Rolle ist dieser in Bastelabteilungen erhältlich.

Im Frühjahr blühende Gartenstiefmütterchen sowie Gänseblümchen und gelber Ackerhahnenfuß wurden in einer Blumenpresse getrocknet. Die leichten, kleinen Kostbarkeiten finden ohne Klebstoff und ohne spezielles Andrahten zwischen den Drahtschlingen Halt. Mit ihren kurzen, dünnen Stengelchen lassen sie sich behutsam zwischen dem luftigen Drahtgewirr einfügen.

Wenn ein solches Schmuckstück einen Platz erhält, an dem es keiner direkten Sonnenbestrahlung ausgesetzt ist, behalten die Blüten recht lange ihre natürliche Farbe. Außerdem sollte der Aufbewahrungsort absolut trocken sein, da sich gepresste Blumen bei Luftfeuchtigkeit wellen. Weiß man um diese Phänomene, können Vorkehrungen getroffen werden, die die Freude an solchen schönen Besonderheiten lange erhalten.

Pflanzliches: Gepresste Blüten von Stiefmütterchen, Gänseblümchen und gelbem Ackerhahnenfuß.

Technische Hilfsmittel: Kombizange, Drahtschneider, feiner Kupferdraht auf der Rolle, Kupferdraht von 50 cm Länge und 1,6 mm Stärke.

Vorbereitung

- Herstellung des Kranzkörpers: Unzählige Meter des feinen Kupferdrahtes werden mit den Händen dicht zusammengedrückt und dann zu einem Wulst geformt. Um dem filigranen, transparenten Gebilde Stabilität zu verleihen, wird ein Kupferdraht von 1,6 mm Stärke, ähnlich einem festen Schweißdraht, zum gewünschten Kranzdurchmesser gebogen und an den Enden mit feinem Kupferdraht zusammengebunden. Um diesen Drahtreifen kann nun das willkürlich zusammengedrückte Drahtgeflecht gedreht und gewickelt werden. Fast armdick sollte der Wulst bei einem Kranzdurchmesser von gut 40 cm sein.

Ausführung

Vorsichtig, unter Zuhilfenahme einer stumpfen, abgeflachten Briefmarkenpinzette, fügen wir die getrockneten Blütenköpfe zwischen die Drahtwindungen. Einzelne Schlingen werden mit dem linken Zeigefinger und Daumen angehoben, so dass die kleinen

Getrocknete Pretiosen zwischen Drahtwindungen.
Draht zeigt sich als technisches Hilfsmittel und gleichzeitig als dekoratives Gestaltungsmittel in interessanter Kombination mit der Natur.

Kostbarkeiten unter und zwischen den Schlingen Halt finden können. Auf diese Weise lassen sich ins Innere des Kranzkörpers Blüten einfügen, die so die Vielschichtigkeit der drahtigen Gestaltung zum Ausdruck bringen.

Wirkung

Der wirkungsvolle Kranzkörper erhält seine Ausstrahlung auch durch die Herstellungstechnik. Funktion, Form und Schmuckwert bilden bei dem

Drahtgeflecht eine Einheit. Durch den Glanz des Kupferdrahtes wirkt der Kranz edel und kostbar.

Die sonst eher bescheiden wirkenden Gartenblümchen werden in dem filigranen Drahtgefüge aufgewertet, sie präsentieren sich als Besonderheit. Man ahnt ihre Zerbrechlichkeit und spürt die Leichtigkeit und Transparenz, die von diesem schmuckvollen Werkstück ausgeht.

Hinweis

Wer keine Blumenpresse besitzt, kann Blüten und Blätter auch in einem dicken Telefonbuch oder zwischen Stapeln von Zeitungspapier pressen. Zum Beschweren genügen einige dicke Bücher, die den nötigen Druck ausüben. Helle Blütenblätter sollten zwischen weißes Seidenpapier gelegt werden, damit der austretende Zellsaft nicht die Druckerschwärze aktiviert, die die Blüten verfärbt.

Umkränzter Kerzenschein

Das Schlagwort »Lifestyle« begegnet uns heutzutage in sehr unterschiedlichen Zusammenhängen. So hat auch der Konsumgüterbereich diesen Begriff aufgenommen und offeriert ein breitgefächertes Angebot an Wohnaccessoires, die individuelle Wohnatmosphäre schaffen sollen. Die Materialkombination von Glas und Metall, insbesondere Eisen, gehört dabei zu den Trendsettern.

Ungewöhnliche Formen begeistern, und manche Utensilien sind so konzipiert, dass eine florale Ergänzung möglich oder sogar von vornherein beabsichtigt ist. Wenn nun florale und nichtflorale Materialien in einer Gestaltung zusammentreffen, ist das stets von hohem Reiz. Solche Kontraste können, ganz nach Aussageabsicht, verstärkt oder gemildert werden. In einer gelungenen Gestaltung werden stofflich verschiedene Materialien spannungsreich und harmonisch in Beziehung gesetzt.

Mannshoch ist das in einem steinernen Sockel fußende Eisengestell, das in einer ausdrucksstarken Sternform endet. Eine gewölbte Glasscheibe füllt die zentrale Rundung aus, an deren Basis eine Kerzenhalterung angebracht ist.

Die brennende Kerze steht hinter Glas. Das Licht kann durchscheinen, was ihm eine besondere Eigenart verleiht. Diese lichte Transparenz soll sich wiederfinden in einem Spiel filigraner Ranken um die Sternspitzen herum.
Objekt: Kerzenständer von 1,60 m Höhe, gearbeitet aus Eisen und Glas (angeboten in Geschäften für Wohnaccessoires).

Umkränzter Kerzenschein.
Wie ein natürlicher Schal erscheinen zusammengefügte Clematis- und Efeuranken, die von glänzenden Goldfäden umspielt werden.

Pflanzliches: Herbstliche, entblätterte *Clematis*-Ranken mit Fruchtständen, Efeuranken, Fruchthüllen der Lampionblume (*Physalis*).
Technische Hilfsmittel: Messer, Rosenschere, Drahtschneider, Messingdraht, feiner Golddraht (»Bouillondraht«) aus der Bastelabteilung, Naturbast.

Vorbereitung

- *Clematis*-Ranken mit der Rosenschere auf die gewünschte Länge schneiden.
- Locker um die Sternform führen und auf die Zacken legen.
- Die *Clematis*-Ranken so ineinanderfügen, dass sie sich verhaken und eine aufgelockerte Kranzform ergeben.
- Messingdraht in Abschnitte von 5–10 cm schneiden; damit das Rankgefüge an mehreren Stellen an den eisernen Sternspitzen befestigen, um Verrutschen zu verhindern.

Ausführung

Die trockenen *Clematis*-Triebe werden mit wenigen langen Efeuranken durchwirkt. Sie können im weiteren Verlauf eintrocknen, wodurch sich das Gesamtbild nicht wesentlich verändert.

Die Efeuranken bedürfen keiner zusätzlichen Befestigung; sie lassen sich einfach durch die Windungen der *Clematis* führen und finden mit ihren gestielten Blättchen Halt.

Die Fruchthüllen der Lampionblume besitzen kurze Stängel. Daran wird ein dünner Bastfaden geknotet. So können die Früchte in das Gezweig gehängt werden. Zu ihrem leuchtenden Orange passend wählen wir die Kerze für den Ständer aus.

Wie ein elastisches Gummiband lässt sich der goldfarbene Bouillondraht auseinanderziehen und zu einem zarten Gespinst über das leblos erscheinende, braune *Clematis*-Gewirr führen. Als edler Akzent verleiht es metallischen Glanz und ist eine hübsche Addition zu dem Kerzenschein.

Wirkung

Wolkenhafte Leichtigkeit wird bei der lockeren Umkränzung spürbar. Die flauschigen Fruchtstände der *Clematis* verzaubern regelrecht die trockenen Zweige, die dadurch wie ein locker umlegter Schal wirken.

Die hängenden *Physalis*-Früchte wirken lustig und belebend. Sie bereichern die transparente Gestaltung als kleine, leuchtende Farbpunkte. Dieser dekorative Raumschmuck verbreitet eine spätherbstliche Atmosphäre. Er besticht durch die sparsame Auswahl seiner Gestaltungsmittel.

Hinweis

Der florale Schmuck für den Kerzenständer lässt sich den Jahreszeiten entsprechend gestalten. Verzichtet man auf die Früchte, können zur Advents- oder Osterzeit stattdessen entsprechende, schmückende Attribute die Ranken durchwirken. Auch getrocknete oder gepresste Sommerblumen sind als filigraner Blütenschmuck eine reizvolle Alternative. So kann ein solcher Gestaltungsträger, wie dieser Ständer, verschieden gestaltet werden und immer interessant aussehen.

Frei geformte Girlande

Die Girlande als schmückende Umkränzung um Hauseingänge und Türen muß nicht, wie sonst üblich, gebunden, sondern kann auch als gewundenes Werkstück gearbeitet werden. Wuchernde Kletterpflanzen, wie selbstklimmender Wein und Hopfen oder Stangenbohnen und Schmuckwinde, sind ideale Gestaltungsmittel.

Lange, dünne Triebe zeichnen diese Pflanzen aus. Schnell und behend sind die gut biegsamen Klettertriebe mit Wickeldraht zur beabsichtigten Form zusammengebracht. Zierende Ergänzungen können das Gleichmaß der Kranzform beleben und schmücken.

Das girlandenartige Gebilde aus Wein- und Hopfenranken beginnt am Boden kompakt, verjüngt sich allmählich und endet auf der gegenüberliegenden Türseite.

Nicht nur die natürlichen, gelb-grünen Hopfenfrüchte beleben die abgestorbenen Klettertriebe des Weines, sondern auch Gestaltungselemente aus dem Dekorationsbereich.

Schleifenband aus Papier, Fruchtformen aus Pappmaché und farblich ergänzende, wirkungsvolle, trockene Blattformen sind geeignet, Farbe und Formenvielfalt einzubringen.

Pflanzliches: Abgestorbene Klettertriebe vom selbstklimmenden Wein, Hopfen, rotgefärbte, getrocknete Strelitzienblätter (in Hobbyabteilungen von Gartencentern erhältlich).

Floristisches Zubehör: Fruchtnachbildungen aus Pappmaché, zu einem Strick zusammengedrehtes Papierband; beides ist erhältlich in Hobby- oder Bastelabteilungen von Kaufhäusern, Baumärkten oder Gartencentern.

Technische Hilfsmittel: Rosenschere, Drahtschneider, Wickeldraht, Hammer, Nägel.

Vorbereitung

- Mindestens drei etwa 7 cm lange Nägel oberhalb des Türrahmens zur Aufhängung der Girlande einschlagen.
- Anfertigung der Girlandenform (hier als asymmetrische Gestaltung): Klettertriebe auf den Boden legen und ordnen; die Girlande soll am unteren Ende der Tür üppig beginnen und sich allmählich verjüngen, auf der anderen Seite dann schmal auslaufen und auf drei Viertel der Türhöhe enden.
- Mit Hilfe von Wickeldraht die Klettertriebe so zusammenbinden, dass fortlaufende Stabilität gewährt ist.
- Die fertige Girlandenform auf die Nägel hängen und zusätzlich mit Wickeldraht daran befestigen.
- Zwei bis drei Nägel neben den herabhängenden Seitenpartien sichern zusätzlich die Form und verhindern ein Verdrehen der Girlande.

Ausführung

Ist die Girlande sicher aufgehängt, können die Linienführungen von Wein und Hopfen schmückend ergänzt werden.

Das Papierband lässt sich zu unterschiedlichen Breiten auseinanderziehen und erscheint durch diese Unregelmäßigkeit sehr lebendig. Mattes, dumpfes Rot ist ein stimmungsvoller, unaufdringlicher, aber gut wahrnehmbarer Farbkontrast. Das Band kann ohne technische Hilfsmittel durch die Ranken gezogen werden und findet so leicht Halt.

Dieser farbliche Akzent wird durch die Strelitzienblätter ergänzt und verstärkt. Die langen Blattformen besitzen die Eigenart, dass sie beim Trocknen schrumpfen, sich verdrehen und dabei skurrile Formen annehmen. Aufgrund ihrer interessanten Erscheinung werden sie auch in Hobbyabteilungen bei den Trockenblumen angeboten.

Die trockenen Blätter werden so eingefügt, dass ihre Wuchsrichtung dem Richtungsverlauf der Girlande entspricht. Sie beleben mit ihrer intensiven Rotfärbung die Girlande.

Frei geformte Girlande. Hopfenranken und abgestorbene Triebe vom selbstklimmenden Wein werden von dekorativen Gestaltungsmitteln lebhaft durchwirkt.

Runde, sammelnde Formen von Früchten aus Pappmaché setzen flächige, in sich geschlossene Akzente zwischen den übrigen, eher fließenden Gestaltungsmitteln.

Wirkung

Die natürliche Wuchshaltung bewahrend, kann ein solches Rankengeflecht als Girlandenschmuck eingesetzt werden. Die natürlich gewachsenen Windungen und Verschlingungen sind dynamisch fortlaufend angeordnet und kennzeichnen diesen harmonischen Raumschmuck. Die Gestaltungsmittel betonen den fließenden Charakter und untergliedern mit ihren Farb- und Formkontrasten die Gleichförmigkeit der Gestaltung. Ein lebhaftes und ungezügeltes Zusammenspiel von Linien und Formen ist erkennbar und führt zu einer kontrastreichen Gesamtgestaltung von rustikaler Wirkung.

Winterlicher Türbogen

Gerade im Herbst und Winter greifen wir gerne den alten Brauch auf, Haustüren mit Kränzen, Girlanden und Gehängen zu schmücken.

Eine von der Girlande abgewandelte Form ist der Türbogen, der sich jeweils über die gesamte Türbreite erstreckt. Er wird entweder direkt auf dem Türrahmen oder am Gemäuer darüber angebracht.

Die Gestaltung kann einen geschlossenen oder locker gegliederten Umriss aufweisen; ebenso ist es möglich, sie asymmetrisch oder in strenger

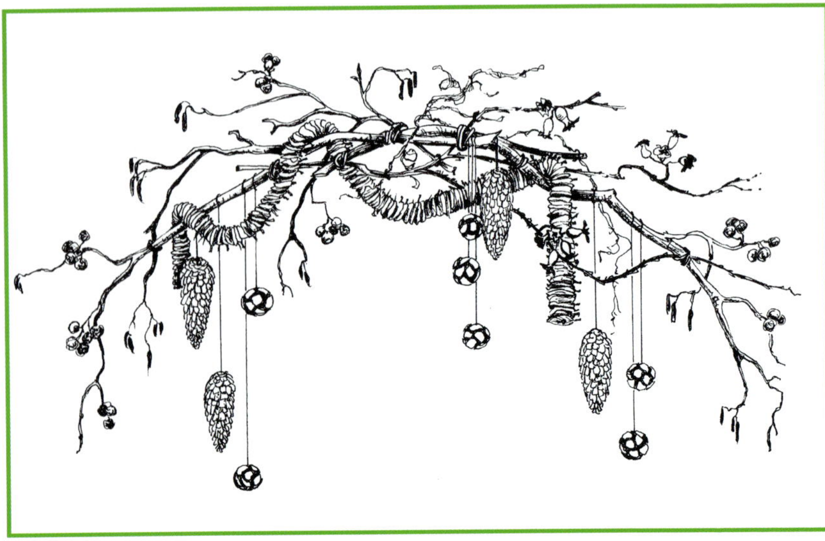

Aus Erlenzweigen, einem Heckenrosentrieb mit Hagebutten und Ranken einer Kletterpflanze ist hier ein bogiges Gerüst zusammengebunden, als Schmuck über einer Tür. Eine Kette aus aufgefädelten Blättern wie Fichten- und Zypressenzapfen sind weitere Schmuckelemente für diesen winterlichen Türbogen.

Ausgewogenheit zu arbeiten. Eine freie Ausführung ist immer lebendiger und kann die Eigenarten der jeweiligen Gestaltungsmittel besser berücksichtigen und herausstellen.

Lockeres Gefüge

Nach dem Laubfall werden uns die schönen, dekorativen Rindenfärbungen wieder vor Augen geführt, die im Sommer an so manchen Gehölzen durch das Blattwerk verborgen blieben. So gehört auch der rotgerindete Hartriegel zu diesen Gehölzen, dessen Zweige zudem in ihrer Linienführung sehr interessant sind.

Die rutenähnlichen Zweige lassen sich gut ineinanderfügen und mit wenigen Bastbindungen zu einem Gerüst befestigen. Es ist auch möglich, zum Stabilisieren Schmuckdraht zu verwenden, der mit seinem Glanz schimmernde Akzente setzt, ansonsten ist Bast ein ausreichendes Befestigungsmittel.

In das Gerüst können immergrüne Koniferenspitzen von Kiefer, Tanne oder Zeder und auch Efeuranken gesteckt und gewunden werden, so dass ein wirkungsvoller Schmuckbogen entsteht.

Ausgewogen und formschön sollte ein locker angeordneter Bogen sein.

Auffädelungen und Winterfrüchte

Kleinere Fruchtformen, wie Bucheckernhülsen, Eicheln, Kastanien, Lärchenzapfen oder Hagebutten, aber auch farblich ergänzende Holzkugeln sowie Blätter können, zu Ketten aufgefädelt, die Gestaltung durchziehen.

Braunes Buchenlaub, mit Nadel und Faden gleichmäßig aufgereiht, durchschlängelt das Gehänge. Stachelige, lange Rosenzweige mit leuchtend roten Hagebutten bestimmen die Bogenform mit. Tannenzapfen, die an dünnen Golddrähten befestigt sind, hängen wie schwere Tropfen vom Zweiggerüst herunter.

Natürlichkeit zeichnet eine solche Gestaltung aus; nichts Künstliches, Grelles stört die verhaltene, winterlich ruhige Ausstrahlung.

Leuchtender Weihnachtsstern

Die Weihnachtszeit bietet ein sehr breites Spektrum an Möglichkeiten für florale Gestaltungen. So können wir unserer Kreativität freien Lauf lassen. Traditionelle, dem Brauchtum entlehnte Binderei führt zu besonders stimmungsvollen Gestaltungen. Eine beliebte Symbolform ist dabei der Stern – dem derzeitigen Trend entsprechend aus Weidenruten und gewundenen Pflanzenteilen hergestellt.
Pflanzliches: Fünf möglichst gerade gewachsene Weidenruten von etwa 100 cm Länge, mit Hagebutten besetzte Rosenzweige (Garten- oder Wildformen), Efeuranken.
Floristisches Zubehör: Elektrische Lichterkette mit 40 Glühlämpchen.
Technische Hilfsmittel: Rosenschere, Kombizange, Myrtendraht, papierummantelter Rebendraht (im Gartencenter erhältlich) oder Wickeldraht.

Vorbereitung

- Herstellung des Sterngerüstes: Die fünf gleichlangen Weidenruten werden, wie in der Skizze erkennbar ist, zu einem fünfstrahligen Stern zusammengelegt; die Sternspitzen entstehen durch Überschneidungen von jeweils zwei Ruten. Mit papierummanteltem Rebdraht können die Ruten recht unauffällig aneinander befestigt werden, auch Wickeldraht ist ein geeignetes Hilfsmittel; Drahtabschnitte von gut 10 cm lassen sich dabei gut handhaben. Auch die inneren fünf Überschneidungspunkte der Sternform werden auf diese Weise fixiert. Mit Hilfe einer Kombizange werden die Drahtenden fest angezogen und so angedrückt, dass sie nicht stören und ein sauberer Abschluss entsteht.

Das stabile Weidengerüst kann nun mit Pflanzenteilen ausgefüllt werden, die dem Stern eine plastische Wirkung verleihen.

Ausführung

Die mit Hagebutten besetzten Rosenzweige werden unterschiedlich lang nacheinander auf das Gerüst gelegt und mit Wickeldraht oder grünem Myrtendraht an den Weidenruten befestigt. Mit ihren Stacheln verhaken

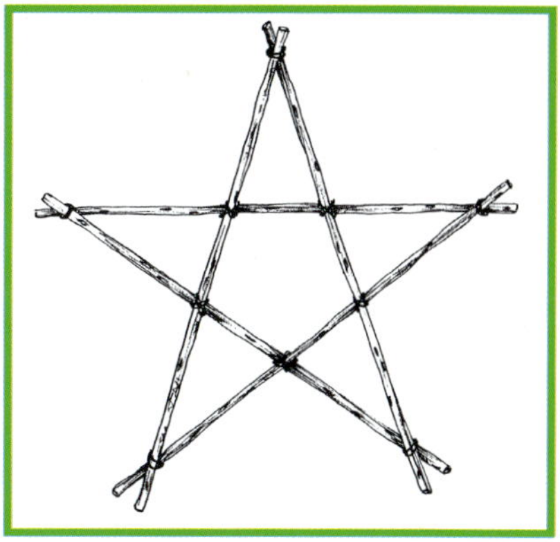

Oben: Fünf gleichlange Stäbe oder Ruten werden zu einem Pentagramm zusammengebunden und ergeben das Grundgerüst für einen floral gestalteten Stern, der zur Weihnachtszeit immer wieder anders gestaltet werden kann.

Links: Leuchtender Weihnachtsstern. Eine eingearbeitete Lichterkette erhellt das transparente Geflecht aus Hagebuttenzweigen und Efeuranken.

sich die ineinandergefügten Hagebuttenzweige und geben sich Halt, so dass eine stabile, räumliche Sternform entsteht.

Zwischen diesem Gefüge ist mit grünem Myrtendraht eine Lichterkette zu befestigen, deren Zuleitungskabel gleichzeitig als Aufhängung dient. Zu diesem Zweck muss es an der obersten Sternspitze sicher mit Wickel- oder Myrtendraht befestigt sein. Die grünen, stromleitenden Schnüre zwischen den einzelnen Glühlämpchen sind unauffällig und zwischen den Zweigen kaum bemerkbar.

Zur Vervollkommnung dieser filigranen Erscheinung legen wir frische, grüne Efeuranken über das Gehölz und winden sie vorsichtig durch das vorhandene Gefüge. Sie trocknen allmählich ein, ohne dabei ihre Schönheit merklich einzubüßen.

Die Efeuranken erfüllen die transparenten Segmente mit Leben. Man kann alternativ auch Mistelzweige wählen, die als weihnachtliche Besonderheit im Blumenhandel angeboten werden.

Wirkung

Frei im Raum aufgehängt oder vor einer großen Fensterfront beeindruckt ein solcher Stern mit seiner Plastizität. Transparenz und Leichtigkeit kennzeichnen die Gestaltung. Dabei gilt es, das Körperhafte herauszustellen, ohne dass es kompakt und lastend erscheint. Die Zweige passen sich mit ihrer natürlichen Linienführung gefügig in die hölzerne Konstruktion ein.

Dabei wurden speziell für diesen stimmungsvollen weihnachtlichen Raumschmuck symbolträchtige Gestaltungselemente gewählt. Der immergrüne Efeu steht als Zeichen für Hoffnung, die Hagebutten mit ihren vielen Samenkörnern für das wiederkehrende Leben. Auch das Licht der kleinen Lampen ist ein Zeichen für Leben.

Hinweis

Die frischen Weidenruten, die mit Draht zur Sternform zusammengebunden sind, schrumpfen beim Trocknen ein wenig. Dann lockern sich die Drahtwindungen. Mit Hilfe einer Kombizange kann man den Draht fest nachziehen, indem er zu einer Öse verdreht wird. Das entspricht der Vorgehensweise, die beim gebundenen Kranz mit frischen herbstlichen Blüten- und Fruchtständen vorgestellt wurde (siehe Seite 136).

Gewundenes in freier oder strenger Form

Kugeln aus getrockneten Olivenzweigen werden im Blumenfachhandel und in Geschäften für Wohnaccessoires angeboten. Derartige hölzerne Formen lassen sich aber genauso aus biegsamem Zweigen oder Weidenruten selbst herstellen.

Stärkere Triebe bilden den formgebenden Körper. Dazu werden sie, wie beim Herstellen eines Kranzreifens, zu einem Kreis zusammengebunden. Wickeldraht oder Naturbast sind dabei praktische Hilfen. Dünnere Zweige folgen der vorgegebenen Form und werden an- und miteinander fixiert.

Äußerst dekorative, natürliche Schmuckelemente können so geschaffen werden. Mit ihren vielen Öffnungen können sie außerdem als organisches Steckhilfsmittel dienen, wenn man sie in tiefere Schalen oder Kübelformen einklemmt.

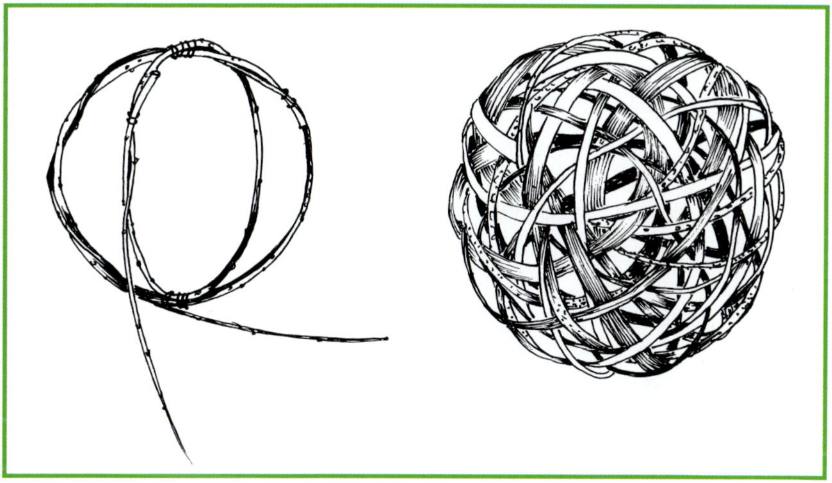

Ineinandergreifende Weidenruten werden mit dünnen Drähten aneinander fixiert und zu einer Kugel geformt. Zwischen die so entstandenen Überschneidungen lassen sich zusätzlich schmale Blätter, Gräser oder Ranken einfügen und hindurchziehen, so dass Verflechtungen entstehen.

Ungezügeltes Linienspiel

Ausgefallene und originelle Wohnaccessoires finden wir in den Boutiquen von Einrichtungshäusern oder im ausgewählten Sortiment von Geschenkabteilungen. Die schlichte Eisenkonstruktion des hier gezeigten Kerzenständers kann durch die Anbringung floraler Elemente zu einem dekorativen Raumschmuck aufgewertet werden.

Zwischen die V-förmigen Eisenbügel dieses Kerzenständers ist eine gewundene Kugel geklemmt. Da hinein werden Ranken gesteckt, die in freier, abfließender Form in der Gesamterscheinung zum Tragen kommen.

Farbliche, formale und stoffliche Eigenschaften bestimmen jede Gestaltung. Filigrane, transparente Elemente, wie in diesem Beispiel verwendet, sollten nicht durch massige und schwere Beifügungen in ihrer Aussage beeinträchtigt oder gar gestört werden. Leicht wirkende Ergänzungen sind willkommen, besonders wenn sie Kontraste bilden.

Objekt: 100 cm hoher Kerzenständer, gefertigt als Eisengestell mit zwei eingehängten Glasgefäßen für die Kerzen.

Pflanzliches: Eine weiße *Cyclamen*-Blüte mit Blatt von einer Topfpflanze, weißblühende und schotentragende Wickenranken, Schneebeerenzweige und entblätterte *Clematis*-Ranken mit aufgesprungenen Samenständen.

Floristisches Zubehör: Eine weiße Kugelkerze, Pfauenfedern; Reagenzgläser aus dem Laborbedarf oder Glasröhrchen, in denen Vanillestangen

aufbewahrt wurden, blaue Tinte zum Wasserfärben, Kugeln aus verflochtenen und gewundenen Zweigen.
Technische Hilfsmittel: Messer, Rosenschere, Drahtschneider, Messingdraht.

Vorbereitung

- Kugel aus Zweiggeflecht in das V-förmige Gestell einpassen und dort festklemmen.
- *Clematis*-Ranken um den Ständer und die Kugel führen, gegebenenfalls mit dünnem Messingdraht fixieren.
- Reagenzgläser zu drei Viertel mit Wasser füllen; um die Farbigkeit der gläsernen Kerzenhalter aufzunehmen, geben wir einige Tropfen blaue Tinte aus einer Federhalterpatrone in das Glas.
- Reagenzgläser mit Messingdraht zwischen den Gehölzwindungen aufhängen.
- Wasser in die Kerzenhalterung füllen, die den Schnittblumen als Vase dienen soll; Kugelkerze in das gegenüberliegende Glas geben.

Ausführung

Die Alpenveilchenblüte und ihr Blatt werden, neben dem schrägen Anschnitt, seitlich im Stiel oberhalb der Schnittfläche eingeritzt. Zusammen mit den frischen Wickenranken und einigen langstieligen Schneebeeren finden Blüte und Blatt ihren Platz in der Glasvase. Dort können sich alle Gestaltungsmittel frei entfalten und wirkungsvoll präsentieren.

Da die Schneebeeren auch ohne Wasserversorgung schön bleiben, können sie mit ihren langen Stielen zwischen den vielen Windungen hindurchgeführt und so zu festem Halt gebracht werden. Ebenso wird mit den grün-blau schillernden Pfauenfedern verfahren, die in ihrer Farbgebung hervorragend zu den Glashalterungen passen. Die eingehängten Glasröhrchen mit dem blauen Wasser sind gleichfalls als schmückende Akzente zu sehen, die farblich und stofflich mit Vase und Kerzenhalter korrespondieren.

Ungezügeltes Linienspiel.
Nichts bändigt die freien, abfließenden Bewegungen von Clematis, Wicken und Schneebeerenzweigen. Gewunden und sich gegenseitig haltend, ergänzen sie einander zu einer dekorativen Gemeinschaft.

Wirkung

Das Auge kann durch das vielschichtige Liniengefüge wandern, oder auch bei den statischen Akzenten verweilen. Farben und Formen harmonieren insgesamt mit den grafischen Linien der erdfarbenen Ranken und Zweige.

Die Transparenz der Gesamtgestaltung wird nicht nur durch die lockeren Windungen hervorgerufen, sondern auch durch die wie schwebend erscheinenden Federn und die frei hängenden Glasröhrchen.

Weiß und Blau wirken frisch und kühl, was durch das warme Braun jedoch gemildert wird. Auch das Blattgrün belebt und unterstreicht die pflanzliche Stofflichkeit der gewundenen Ranken und Zweige.

Zweiggefüge – gewunden und gebunden

Rotgerindete Hartriegelzweige werden in ihrer Schönheit erst richtig sichtbar, wenn die grün-weißen Blätter abgeworfen sind. Markante, spitz zulaufende Verzweigungen kennzeichnen dieses schnellwachsende Gehölz. Der feingliedrige Aufbau wirkt dennoch starr.

Wie langgezogene Krallen können die harten Triebspitzen ineinandergeschoben und -gefügt werden. Die stabilen Zweige lassen sich stellen und mit Gestaltungsmitteln ausschmücken, ohne dass sie schwanken oder knicken.

Dabei benötigen sie keine weitere Hilfestellung, wenn die Zweige waagerecht, glatt abgeschnitten sind und die Spitzen gut ineinander verhakt oder, besser noch, punktuell zusammengebunden sind.

Ein Teil der Zweige steht in einer schwarzen, bauchigen Keramikvase. Die übrigen Zweige sind um die Vase herum geordnet und bilden mit ihren Triebspitzen ein gemeinsames, räumliches Gitter über der Vasenöffnung.

Das verwundene Zweiggefüge bietet Nischen für florale Ergänzungen, die eingehängt und hindurchgeschoben werden. Weiße Tulpen werden mit ihren Zwiebeln, die vorher ausgewaschen wurden, vertikal und hori-

Zweiggefüge – gewunden und gebunden. Zwischen den Verästelungen stehender Hartriegel-Zweige finden Tulpen und Schoten Halt.

zontal angeordnet. Hagebuttenzweige und Schoten vom Lederhülsenbaum werden hinzugefügt. Efeuranken begleiten den floralen Schmuck und umrahmen ihn.
Gefäß: Bauchige, schwarze Keramikvase mit weiter Öffnung.
Pflanzliches: Rotgerindete Hartriegelzweige, rot-braune Schoten vom Lederhülsenbaum (oft in Parkanlagen zu finden), weiße Gartentulpen mit Zwiebeln, Efeuranken.
Technische Hilfsmittel: Rosenschere, Schere, Steine, rote Hanffäden.

Vorbereitung

- Tulpen mit Zwiebel aus den Töpfen oder aus dem Garten nehmen und von der Erde befreien, gut auswaschen (siehe Seite 152) und wässern.
- Zweige in die Vase stecken und mit Steinen arretieren.
- Zweige mit besonders gerader, starrer Haltung um die Vase postieren; diese Zweige erhalten einen sauberen waagrechten Anschnitt mit der Rosenschere, der es ermöglicht, dass sie auf der Tischfläche stehen.
- Zweigspitzen sorgfältig ineinanderfügen und verhaken; an einigen Stellen die Zweige mit einem Hanffaden zusammenbinden, der die gleiche rote Farbe wie die Zweigrinde haben sollte; so gibt er unauffällig Halt.
- Wasser in die Vase füllen.

Ausführung

Das stabile, vorgefertigte Gefüge wird mit Zwiebelblumen belebt. Narzissen, Perlhyazinthen oder Tulpen sind geeignet, um in besonderer Weise präsentiert zu werden. Ihr Speicherorgan, die Zwiebel, hält Nährstoffe bereit, die Blüte und Blätter für viele Stunden versorgen. Die Tulpen können zwischen die Zweige geschoben werden. Mit rotem Hanffaden als ergänzender Fixierungshilfe können sie, wenn nötig, festgebunden werden.

Die leichten Schoten wie auch die Hagebuttenzweige benötigen keinerlei Befestigung. Wir können sie durch das Gefüge hindurchziehen, ebenso den Efeu, dessen Ranken jedoch in der Vase enden und so mit Wasser versorgt werden. Auch ohne Wasserangebot bewahren die grünen Triebe zwar lange ihr Aussehen, trocknen aber allmählich ein und verlieren ihren frischen Glanz.

Wirkung

Die Hartriegelzweige präsentieren sich als statisches Gefüge. Die transparente Räumlichkeit erhält Schwerpunkte durch eingefügte, pflanzliche Ergänzungen. Die weiß-grünen Tulpen durchziehen wie Bänder das Linienspiel der Zweige. Das Rot der Zweige und die grünen Akzente sind ein sehr wirkungsvoller Farbkontrast. Das Weiß der Blüten wie auch die hellen Zwiebeln setzen mit ihrer runden Form Fixpunkte in der grafischen Anordnung.

Die schlängelnde Form der Schoten entspricht ihrer Gesamterscheinung. Mit ihrer glänzenden Oberflächenstruktur und ihrer Farbgebung treten sie in ein spannungsreiches Verhältnis mit den spröden, roten *Cornus*-Zweigen. Die kleinen, runden Fruchtformen der Hagebutten erscheinen eher bescheiden und sind quasi die »i-Tüpfelchen« in der beeindruckenden Gestaltung.

Hinweis

Blumen mit ausgewaschenen Zwiebeln bleiben gut 12 Stunden ohne Wasser frisch, wenn sie 2 bis 3 Stunden vor ihrer Verarbeitung gewässert werden. Wenn sie unkompliziert verarbeitet werden, kann man sie bequem aus der Gestaltung nehmen und erneut wässern, um sie aufzufrischen.

Grünes Flechtwerk

Der Schachtelhalm gehört zu den Pflanzen, die sich einfach von innen drahten oder stützen lassen. So präpariert kann man ihn später beliebig biegen.

Werden die gestützten Halme an den Spitzen mit dünnem Messingdraht zusammengebunden, kann man sie eigenwillig formen und als Gerüst gebrauchen.

Schachtelhalme kann man an Flussufern finden. Dort wachsen auch die spitz zulaufenden, dreieckig geformten Blätter vom Pfeilkraut und dessen langgestielte, sattgrüne kugelige Früchte. Die langen, schmalen Blätter der Rohrkolben ergänzen die Sammlung interessant und spannungsreich gewachsener Besonderheiten.

Formen und Linien sollen in diesem Arrangement miteinander verschmelzen, um eine dekorative Gesamtwirkung zu erzielen.

Verflechtungen sollten stets eine gewisse Regelmäßigkeit aufweisen, da dann das geordnete Gefüge reizvoll und harmonisch wirkt.

Gefäß: Bauchige, grüne Glasvase mit weiter Öffnung.

Pflanzliches: Schachtelhalm, Blätter und Früchte vom Pfeilkraut, Blätter vom Rohrkolben (alle Gewächse sind an Flussufern zu finden).

Technische Hilfsmittel: Messer, Drahtschneider, Steckdraht von 1,0–1,2 mm Stärke, Messingdraht, Steckigel.

Vorbereitung

- Schachtelhalm von innen stützen: Pro Halm wird von unten ein Steckdraht von etwa 30 cm Länge eingeführt (siehe Abbildung Seite 35).
- 5 bis 6 Stiele des gestützten Schachtelhalms an den Spitzen und den unteren Enden mit Messingdraht zusammenbinden.
- Steckigel in die Vase legen und Wasser einfüllen.
- Stielenden fest auf den Igel drücken.
- Die einzelnen Halme vorsichtig auseinanderbiegen und über den Gefäßrand knicken; mehrere Einheiten von Schachtelhalmen bilden nebeneinander ein Gerüst, in das die übrigen Pflanzenteile eingefügt werden.

Ausführung

Die langen, linearen Blätter des Rohrkolbens zeichnen sich durch gute Elastizität aus. Diese Biegsamkeit wird für die Gestaltung ausgenutzt. Jedes Blatt wird einzeln durch das Gefüge geflochten. Zuvor zieht man es vorsichtig über den Messergriff oder zwischen Daumen und Zeigefinger entlang. Aber Vorsicht, die Blattkante ist messerscharf.

Die Vorbehandlung verhindert, dass das Blatt beim Biegen knickt und unschöne Verletzungen zeigt. Wie ein Band lässt es sich nun verarbeiten; es umfängt und durchzieht das starre Halmgerüst.

In die verbleibenden Freiräume werden die markant geformten Blätter und Fruchtstände des Pfeilkrautes gesteckt. Ihre Stiele finden zwischen den Nägeln des Steckigels Halt. Die Blattspitzen sollen dem Verlauf der Rohrkolbenblätter folgen und deren Linienführung betonen.

Wirkung

Der Kontrast zwischen abknickenden Linien und weichen Windungen bei Halmen und Blättern ist sehr spannungsreich. Die Verflechtungen sind elegant und leicht überschaubar. Trotz der aktiv wirkenden Bewegungsrichtungen geht eine gewisse Ruhe von dem Arrangement aus. Das liegt auch an der sattgrünen, einheitlichen Farbgebung.

Alle verwendeten Pflanzenteile büßen in diesem Arrangement ihre individuelle Wuchshaltung ein und präsentieren sich zugunsten der dekorativen Gesamtwirkung lediglich als Form und Linie.

Grünes Flechtwerk.
Gleichfarbige Wasserpflanzen geben sich ein Stelldichein als bewegtes Form- und Linienspiel.

Rebholzgefüge I – Raumschmuck.
Ineinandergefügt, mit Fäden umsponnen, Rebholz in schwebender Leichtigkeit. Die Anordnung der Falter verdeutlicht die Vielschichtigkeit der Gestaltung.

Rebholzgefüge I – Raumschmuck

Unter einem Gefüge ist ein größeres, kräftiges Gebilde zu verstehen. Auch wenn zarte Windungen oder Verflechtungen sichtbar sind, gilt diese Bezeichnung für eine eher rustikale Gesamtgestaltung, wenn die Gestaltungsmittel ebenfalls nicht von zerbrechlicher Zartheit sind.

Rebholztriebe können leicht zu einer freien Gestaltungseinheit ineinandergefügt werden. Blattranken und Stielansätze fungieren beim entlaubten Holz als Halterung. Die Stiele rutschen beim Winden nicht aneinander vorbei, sondern arretieren sich gegenseitig. Sie lassen sich dank ihrer Elastizität auch biegen und so ineinanderfügen. Diese Spannung bringt sichtbar Plastizität in die Form.

Dekorative Gestaltungsmittel können in die Freiräume geschoben werden und bleiben dort sehr gut verankert.

Als frei hängender Raumschmuck oder vor einem Fenster präsentiert sich ein solch transparentes Gefüge in besonderer Weise.

Pflanzliches: Trockenes Rebholz vom Frühjahrsrückschnitt (aus dem Weinberg).

Floristisches Zubehör: Drei handgroße Schmetterlinge aus patiniertem Kupferblech; dunkelviolette Baumwollfäden (Stick- oder Häkelgarn); etwa 10 violett-rot gefärbte, dünne Holzstäbe in Strohhalmstärke (aus der Bastelabteilung).

Technische Hilfsmittel: Rosenschere, Schere, Bastfäden.

Vorbereitung

- Anfertigung des Rebholzgefüges: Die hölzernen Triebe werden mit der Rosenschere auf die gewünschte Länge geschnitten; durch Übereinanderlegen und Ineinanderschieben entsteht eine freie Form; die Zweige halten sich selbst, lediglich die äußeren Partien sollten eine dünne Bindung mit Bast oder Baumwollgarn erhalten, damit der Umriss stabil bleibt.
- Mehrere dünne, gefärbte Holzstäbe parallel nebeneinander durch das plastische Gefüge schieben; auch einzeln finden sie, unter Spannung eingeklemmt, eine sichere Position.

Ausführung

Nur an wenigen Stellen stabilisiert eine Bastbindung das Rebholz, ansonsten trägt es sich durch die Spannung der Zweige. Dunkelviolette Baumwollfäden überspannen die natürlichen Linien. Sie schaffen neue, klare Umrisse. Diese stehen den unregelmäßigen, nicht berechenbaren Linien des Rebholzgefüges gegenüber. Wie ein Kokon umgarnen die Fäden das hölzerne Gerüst. An solchen Fäden wird auch die fertige Gestaltung freischwebend aufgehängt.

Drei Schmetterlinge aus patiniertem Kupferblech haben sich in dem Gespinst verfangen. Sie sind einfach zwischen das Rebholz geklemmt und verdeutlichen die Vielschichtigkeit und die Tiefe dieses Gebildes.

Wirkung

Die drei Falter mit ihren weit ausgebreiteten Flügeln verstärken den Eindruck von schwebender Leichtigkeit, die von dem Werkstück ausgeht.

Die dünnen Holzstäbe setzen klare Akzente durch ihre gezielte Ausrichtung gegenüber den natürlichen Bewegungsverläufen der holzigen Triebe. Sie entsprechen mit ihren Linien den violetten Fäden, die das Gefüge netzartig überziehen.

Strenge Linien begegnen ungezügeltem Wuchsverhalten. So wird Spannung erzeugt.

Rebholzgefüge II – Gestaltendes Steckhilfsmittel.
Dahlienblüten erheben sich aus dem dichten Gehölz; eingefäbte Stäbe setzen wirkungsvolle Akzente und beweisen sich als Kontrast zu allen natürlichen Formen.

Rebholzgefüge II – Gestaltendes Steckhilfsmittel

Auf die Machart kommt es an

Eine Gestaltung ist gut gelungen, wenn sie auf vielfältige Weise wirkt und erfreut. Das verworrene Gezweig des Rebholzes zeigt viele Nischen und Lücken. Deshalb kann es auch gut als Stell- und Steckhilfe für Schnittblumen genutzt werden (Seite 180/181).

Auf das Gerüst können Blumenköpfe gelegt werden, die zwischen den Verästelungen und den Fäden Halt finden. Wie auf einem Präsentierteller können sie ihre Schönheit entfalten und nichts lenkt von einer ungestörten Betrachtung ab.

Die Blüten lassen sich auf unterschiedlichen Ebenen zwischen das hölzerne Gefüge einbringen, was die Tiefenwirkung hervorhebt. Eigenes Blattwerk fehlt, hier sind Blütenköpfe pur zwischen grafischen Linien zu sehen.

Dünne Holzstäbe, die farblich den Dahlien entsprechen, sind waagrecht durch das Rebholzgefüge gesteckt, und betonen so die horizontale Gestaltungsebene.

Das gewundene Holzgitter liegt auf einer flachen Schale, die sich durch ihre schlichte Form und die zurückhaltende, schwarze Farbe dem aktiv wirkenden Gefüge unterordnet.

Gedanken zum Schluss

An dieser Stelle ist zu erläutern, warum das ausdrucksstarke Dahlien-Arrangement als letztes Beispiel im Kapitel »Winden« steht. Mit der zweifachen Verwendung des Rebholzgefüges soll auf die Einsatzmöglichkeiten unserer Gestaltungsmittel hingewiesen werden. Das Gefüge ist technisch nutzbar als Steckhilfe und gleichzeitig gestalterisch wirksam. Es ist, wie viele der in diesem Buch vorgestellten Steckhilfsmittel, der Natur entnommen und umweltfreundlich. Damit ist der Bogen zum Anfang des Buches gespannt. Die Exkursion durch das weite Feld der Gestaltung mit Blumen sollte Freude bereiten und zu Kreativität und vielen guten Ideen im Umgang mit dem schönsten Gestaltungsmittel, der Blume anregen.

Verzeichnisse

Literatur

Bürkli, M. und Fleischli, P.: Schnittblumen, Schnittgrün und Fruchtzweige. Thalacker Verlag, Braunschweig, 1995.

Encke, I. Buchheim, G. und Seybold, S.: Zander – Handwörterbuch der Pflanzennamen. 15. korr. Auflage. Verlag Eugen Ulmer, Stuttgart 1994.

Evers, M.: Werkformen der Blumenbinderei. 4. überarb. und erw. Auflage. Verlag Paul Parey, Berlin und Hamburg, 1987.

Kolbrand, F.: Europa windet den Kranz. Frisinga Verlag mbH, Freising 6/84.

Wegener, U.: Mehr Freude an Schnittblumen. BLV Verlagsgesellschaft mbH, München 1986.

Wundermann, I., Stobbe-Rosenstock, F.: Der Florist. Band 1: Gestaltungslehre und floristisches Gestalten. 7. Auflage, Verlag Eugen Ulmer, Stuttgart 1989.

Ergänzende Lektüre

Assmann, P.: Floristische Werkstücke, Appel-Druck Donau-Verlag GmbH, Günzburg 1992.

Beuchert, M.: Strässe aus meinem Garten. Verlag Eugen Ulmer, Stuttgart 1991.

Buch, Ch.: Blumenschmuck nach Jahreszeit. Verlag Eugen Ulmer, Stuttgart 1990.

Effelsberg, A.: Blumen liebevoll arrangieren. Falken-Verlag GmbH, Niedernhausen 1991.

Granow, G.: Advents- und Weihnachtsbinderei. 3. verb. Auflage, Verlag Eugen Ulmer, Stuttgart 1991.

Granow, G.: Schmuckkränze und Girlanden. Verlag Eugen Ulmer, Stuttgart 1989.

Granow, G.: Schöne Florale Bilder. Verlag Eugen Ulmer, Stuttgart 1993.

Koristka, W.: Blumensträuße selber binden. 3. Auflage, Verlag Gräfe und Unzer GmbH, München 1991.

Unterweger, W.-D. und U.: Blumensträuße aus Wiese, Feld und Wald. Stürtz Verlag, Würzburg 1992.

Wegener, U. und P.: Blumenkunst. BLV Verlagsgesellschaft 1981.

Wegener, U.: Strässe. Verlag Eugen Ulmer, Stuttgart 1992.

Wundermann, I.: Frühlingssträuße. 2. Auflage, Verlag Eugen Ulmer, Stuttgart 1996.

Wundermann, I.: Herbststräuße. Verlag Eugen Ulmer, Stuttgart 1996.

Wundermann, I.: Der Hobby-Florist. 2. Auflage, Verlag Eugen Ulmer, Stuttgart 1993.

Pfanzennamen

Technische Hilfsmittel

Bildquellen

Zeichnungen:
Die Zeichnungen fertigte Ingeborg Wundermann, Gehrden, nach Vorgaben der Verfasserin (auch Zeichnung Umschlagrückseite).

Die Zeichnungen auf den Seiten 12 (unten rechts), 32 und 138 stammen von Marlene Gemke, München, nach Vorlagen der Verfasserin.

Farbfotos:
Roland Krieg, Waldkirch: Titelfotos Umschlagvorderseite
Manfred Schramm, München: Seite 157, 162.
Ingeborg Wundermann, Gehrden: Seite 107.
Martin Heinemann – Studio 12, Lübeck: Titelfotos Umschlagrückseite und alle übrigen Farbfotos.

Alle Arbeiten fertigte Gundel Granow, Lübeck, mit Ausnahme des Werkstückes auf Seite 107, das von Ingeborg Wundermann gefertigt wurde.

Register

Bibliografische Information der Deutschen Bibliothek
Die Deutsche Bibliothek verzeichnet diese Publikation in der Deutschen Nationalbibliografie; detaillierte bibliografische Daten sind im Internet über http://dnb.ddb.de abrufbar.

ISBN 3-8001-4451-4

Wollgrasweg 41,
70599 Stuttgart (Hohenheim)
Internet: www.ulmer.de
E-Mail: info@ulmer.de
Lektorat: Ingeborg Ulmer, Carola Hils
Herstellung & DTP: Gabriele Wieczorek
Druck und Bindung: Georg Appl, Wemding
Printed in Germany

Hier erfahren Sie mehr!

Ob Artischocken, Maisblätter oder Ringelblumen, ob Rote Bete, Kirschen oder Zucchini – der belgischen Autorin und Floristin gelingt es auf faszinierende Weise, den Formen, Farben und der Gestalt ganz gewöhnlicher Nahrungsmittel zu außergewöhnlicher Wirkung zu verhelfen. Wer dabei Lust bekommt, nicht nur bei den Fotos zu verweilen, kann mit Hilfe der aufgelisteten Materialien selbst aktiv werden und sich dabei an den beschriebenen Arbeitsschritten orientieren. Die Autorin ist Floristik-Dozentin. Sie hält Vorträge und leitet Kurse in floraler Gestaltung für Fachleute und Liebhaber. Freiberuflich ist sie auch als florale Gestalterin tätig.

Dekorieren mit Blumen und Früchten. 61 floristische Werkstücke mit Arbeitsanleitung. R. Gijbels. 1999. 132 Seiten, 62 Farbfotos. ISBN 3-8001-5301-7.

Das Buch begeistert mit frischen Ideen für neue Kranzkreationen. In einem Kapitel werden die Grundtechniken in Schritt für Schritt Anleitungen ausführlich dargestellt und mit speziellen Signets gekennzeichnet. Den Fotos sind erklärende Texte und genaue Materialangaben zugeordnet.

Kränze aus Blüten und Früchten. G. Anger, G. Bortfeld. 2000. 96 Seiten, 100 Farbfotos, 6 Zeichnungen. ISBN 3-8001-3159-5.

18 Ideen für Einladungen in Haus und Garten. Tisch & Tafel dekorativ gestalten mit Blumen, Früchten und Kräutern. Schritt-für-Schritt-Anleitungen. Menüvorschläge.

Feste feiern in Haus und Garten. Dekoration und Inspiration. G. Anger, G. Bortfeldt. 2002. 96 Seiten, 88 Farbf., 11 Zeichn. ISBN 3-8001-3841-7.

Bücher aus dem Verlag Eugen Ulmer

Wie wird der ganz alltägliche Mittagstisch zum festlichen Augenschmaus? Wie kann der alte Beistelltisch in neuem Glanz erstrahlen? Wie können Teenager ihren Freunden imponieren? Gleich welcher Anlass – auf die gute Idee kommt es an! Dieses Buch zeigt 32 attraktive Tischdekorationen für viele Anlässe. Bei aller optischer Raffinesse sind die Techniken einfach und ohne Mühe oder besondere Vorkenntnisse nachvollziehbar.

Blumen für den Tisch. *Dekorative Ideen für festliche Tafeln. M. Kratz. 2001. 94 S., 56 Farbf. ISBN 3-8001-3401-2.*

Frühlingsblumen, schlicht und leicht oder bunt und üppig in Szene gesetzt, ganz einfach selbst herzustellen.

Blumen im Frühling. *Floristische Ideen für März bis Mai. M. Kratz. 2002. 94 S., 57 Farbfotos. ISBN 3-8001-6771-9.*

Endlich Sträuße selbst binden lernen, die Lieblingsblumen aussuchen unc fertig ist die individuelle Wohnungsdekc oder das persönliche Geschenk fü Freunde! Fotos mit verständlicher Schritt für Schritt Anleitungen.

Blumensträuße. *Floristische Ideen fü jede Gelegenheit. M. Kratz. 2003. 94 S. 52 Farbfotos. ISBN 3-8001-3242-7.*

In dem Buch „Floristik mit Rosen" sinc 30 außergewöhnliche Arrangement beschrieben, vom klassischen Rosenpokal bis zum modernen Kranz – si alle zeigen die Rose in ihrem schönste Licht. Wichtig: Alle Werkstücke basieren auf einfachen Techniken und sin auch ohne Vorkenntnisse leicht nacharbeiten. Gestalten Sie mit!

Floristik mit Rosen. *Dekorative Idee für jedes Ambiente. M. Kratz. 200 94 S., 56 Farbf. ISBN 3-8001-6770-*